Vers la Société du Sens

©2021. EDICO
Édition : JDH Éditions

77600 Bussy-Saint-Georges. France
Imprimé par BoD – Books on Demand, Norderstedt, Allemagne

Réalisation graphique couverture : © Cynthia Skorupa

ISBN : 978-2-38127-144-6
Dépôt légal : mai 2021

Le Code de la propriété intellectuelle n'autorisant, aux termes de l'article L.122-5.2° et 3°a, d'une part, que les copies ou reproductions strictement réservées à l'usage privé du copiste et non destinées à une utilisation collective , et d'autre part, que les analyses et les courtes citations dans un but d'exemple et d'illustration, toute représentation ou reproduction intégrale ou partielle faite sans le consentement de l'auteur ou ses ayants droit ou ayants cause est illicite (art. L. 122-4).
Cette représentation ou reproduction, par quelque procédé que ce soit constituerait une contrefaçon sanctionnée par les articles L. 335-2 et suivants du Code de la propriété intellectuelle.

Alexandre Rojey
Pénélope Morin

Vers la Société du Sens

JDH Éditions
Essais

« Associer la quête spirituelle à la quête collective et individuelle d'une vie porteuse de sens peut certainement déclencher une transformation des structures sociales si l'empathie et la compassion, ainsi que la créativité et la collaboration guident nos motivations. J'espère que ce livre incitera chaque lecteur à réfléchir sur ses pratiques quotidiennes actuelles et le fera évoluer vers des formes d'expression et des liens avec la société plus authentiques. »

Prof. Anil K. Gupta
CSIR Bhatnagar Fellow 2018-21
Founder, Honey Bee Network, SRISTI, GIAN & NIF
Visiting Faculty, IIMA & IITB, Academy Professor, ACSIR

« Nul doute que pour fabriquer notre futur désirable, il est plus que jamais nécessaire de savoir donner du sens. Cet ouvrage éclaire l'avenir au présent en nous faisant percevoir le paradigme d'un monde nouveau, symbiotique, qui émerge. Montrer des directions possibles pour les atteindre, grâce à une prise de conscience tant individuelle que collective, voilà tout l'intérêt de découvrir l'ouvrage de Pénélope Morin & Alexandre Rojey : Vers la société du sens, et la mettre en œuvre. »

Eric Seulliet
Président de La Fabrique du Futur & Co

Préface

L'ouvrage de Pénélope Morin et d'Alexandre Rojey arrive à point nommé pour éclairer l'avenir, à ce moment exceptionnel dans l'histoire des Hommes où nous sommes en train de changer de paradigme. Ce changement devient de plus en plus perceptible, en réaction au mal-être généré par un avenir qui se brouille et s'annonce désespérant dans sa trajectoire actuelle.

Notre conscience collective s'est imprégnée d'un sentiment d'effondrement connecté à l'appauvrissement de notre planète, auquel nous mène la société contemporaine dévoreuse d'énergie, de matière, de biodiversité, polluante et agressive envers l'humain. Face à ce futur insoutenable, les solutions et les attitudes divergent :

– certains continuent à croire au progrès matériel et à la croissance quantitative, confiants que la science et les technologies sauront répondre aux défis écologiques et humains, nous évitant ainsi l'apocalypse sans changer de modèle ;

– d'autres cherchent une refondation complète des critères de progrès, s'imposant une décroissance forte de leurs ambitions matérielles et technologiques, s'enracinant dans le local et affirmant le retour à une terre nourricière et source d'équilibre.

Entre ces deux voies parfaitement opposées, les auteurs nous en proposent une troisième, conciliant la soif de progrès de l'Homme à travers un progrès essentiellement qualitatif centré sur le potentiel humain, accompagné d'une philosophie de sobriété, rendant le progrès soutenable, en phase avec les rythmes de la nature et avec l'intériorité créatrice associant conscience et spiritualité.

La finalité de cette démarche étant de retrouver les rythmes d'harmonie entre la terre et l'humanité, entre tous les hommes, et de l'humain avec lui-même ! C'est le sens de la Société du Sens.

Les parcours différents et complémentaires des auteurs, leurs diverses expériences humaines et professionnelles à travers le Monde, les ont dotés d'une intuition du futur propre à nourrir une réflexion sur les chemins du possible, du désirable et du Sens.

C'est d'abord dans les croyances collectives et les mythes de notre civilisation occidentale, au travers de 5 000 ans d'Histoire, qu'ils vont chercher les raisons de nos succès et de nos échecs collectifs, débouchant sur l'impasse actuelle, qui exige aujourd'hui un changement radical du vieux paradigme basé sur le patriarcat, la domination et le progrès devenu essentiellement matériel et quantitatif.

Cela leur permet de dessiner avec beaucoup d'acuité et de clairvoyance ce que seront les valeurs collectives du nouveau paradigme naissant sous nos yeux dans un silence étonnant, voire coupable. Ils y voient une révolution de nos buts et de nos moyens encore plus importante que ne fut la Renaissance il y a six siècles, un basculement à 180° du projet humain centré dorénavant sur la valorisation de l'immatériel et du capital humain avec des valeurs essentiellement féminines, écologiques, coopératives, voire spirituelles.

Dans le nouveau monde que dessine l'ouvrage, la ressource économique essentielle n'est plus la matière, mais la connaissance et les savoirs qui se valorisent par leur partage grâce à des réseaux ouverts, générant une augmentation considérable de l'intelligence collective. On retrouve des thèmes chers à Teilhard de Chardin tels que « plus le monde se complexifiera, plus il faudrait élever notre niveau de conscience ». À la différence des ressources matérielles et monétaires, cette intelligence est inépuisable et compatible avec les limites physiques de la planète, d'autant qu'elle puise dans la nature de nouvelles connaissances et une nouvelle relation au sacré. Enfin, elle redonne à chaque homme la possibilité de participer à égalité au projet humain, puisque la diversité de pensée, de culture et de comportement est valorisée.

À partir de cette intuition fondamentale, ils déduisent de nouveaux systèmes organisationnels possibles, en particulier dans les entreprises qui jouent un rôle moteur important dans le changement de paradigme.

En rétablissant le profit comme étant au service du développement humain et non le seul but stérile du travail collectif, ils donnent aux entreprises une nouvelle énergie et une nouvelle légitimité. La connaissance certaine du monde en général, de l'entreprise et de la société en particulier leur permet de nous proposer des voies très intéressantes menant à des écosystèmes de la société de la connaissance, de la liberté et de la conscience collective, qui remplaceraient la société de « pure consommation ».

Bien loin de nous imposer un autre dogme, ils nous proposent une culture dans laquelle chacun de nous peut trouver sa place et puiser une énergie et du courage pour agir dans un monde qui fait sens à nouveau. C'est surtout un monde où nous nous enrichissons les uns les autres de nos complémentarités et de nos différences, un monde où la conscience de notre enracinement local s'inscrit dans un projet collectif global, un monde qui nous redonne le goût de l'avenir, de la responsabilité et de la liberté.

S'agissant de problèmes de société, l'énergie nécessaire pour s'en saisir semble d'une telle ampleur que la tentation est grande pour des personnes isolées de conclure que l'impact de leur action individuelle équivaut à celui d'une goutte d'eau dans l'océan et par conséquent qu'elles ne peuvent rien faire. Mais, si chacun pense que rien n'est possible et que personne ne fait quoi que ce soit, tout le monde est alors contraint à l'immobilisme par inertie. Au contraire, si tout le monde décide de faire un geste dans une même direction, il devient possible, pour chacun, et même facile, d'abonder au mouvement collectif et donc de contribuer à construire le changement.

Comme Nietzsche l'indiquait dans *Le Gai Savoir*, se comprendre et comprendre le monde est une tâche d'une complexité telle qu'il faudrait être surhumain pour y parvenir. Cela suppose d'inventer des rencontres d'un genre nouveau, réunissant des acteurs de toutes les sphères pour réfléchir ensemble, hors de la pression des enjeux de carrière et de pouvoir. Par ces nouveaux lieux et processus à inventer, ouverts à tous et résolument orientés vers la recherche de l'intérêt général à long terme, chacun découvrira de nouvelles réserves pour mieux se comprendre et mieux comprendre le monde, en se plaçant ainsi en situation de mieux développer simultanément sa personne, la structure professionnelle dans laquelle elle évolue et construire la Société du Sens.

La transformation viendra d'une multitude d'actions individuelles et collectives, couplées à trois niveaux, celui des individus, des organisations et de la société, couplage construit au moyen d'une méthodologie consensuelle basée sur l'intelligence participative et collective.

Il faut saluer une œuvre profondément généreuse et humaine, dans laquelle les auteurs se mettent à nu et prennent tous les risques pour nous faire partager leurs intimes convictions sur leur vision et leur désir d'avenir, un avenir porteur de sens.

Nul doute qu'ils nourriront de nombreux débats qui ne pourront servir qu'à mettre chacun de nous en mouvement vers la construction d'un nouveau monde soutenable, désirable et lumineux, révolutionnant la Vie dans son ensemble !

Jean-Claude Fontanive

Expert en Géopolitique des relations internationales « Nord-Sud et de la Grande Méditerranée »

Président de NextSee et de Alters Editions

Associé fondateur d'Innovation et Territoires

Délégué Général de la Chaire « Changement Climatique & Transition Energétique »

Professeur en Management International et Interculturel à l'IPAG B.S.

Président de l'association SENS +

Avant-propos

Notre monde est confronté à une crise sans précédent. À la soif d'illusions succède le désir de comprendre. Dans le chaos et dans le malheur, nous ne disposons que d'une seule solution pour revenir à l'harmonie, cette concorde inspirante : chercher la sagesse, la Sophia antique, et la mettre en œuvre.
La faculté de transformation sera vivante pour toujours[1]. Nous aspirons à une ère de paix et de sagesse inspirant nos actes et nos mouvements dans une harmonie universelle retrouvée.

Pour y accéder, nous aurons besoin de faire preuve d'imagination, ne pas hésiter à prendre des chemins de traverse, retrouver le parcours de l'enfance, celle d'hier et d'aujourd'hui, l'enfance de toujours. Il s'agit de donner un sens à une époque où, avec des outils très complexes, nous poursuivons des buts incertains. Si nous sommes encore capables d'opposer à l'accélération de la technologie la puissance du sens, la partie n'est pas encore perdue.
Construire pour la première enfance, c'est agir là où tout est encore possible, là où, au-delà de notre imagination, la boussole des chemins s'arrête pour

---

[1] Hervé le Guyader, Geoffroy Saint-Hilaire, *un naturaliste visionnaire*, Belin Alpha, 2017.

toujours. Notre préoccupation est de créer un parcours capable de donner un sens aux transformations actuelles.

L'enfance[2] possède un rythme qui lui est propre, une fluidité qui fait de son existence la jonction la plus fine qui sépare la société du monde contingent. L'enfant est souple, tendre, confiant et flexible, ouvert à tous les changements. Il nous enseigne que « le dur et le rigide conduisent à la mort, le souple et le faible conduisent à la vie[3] ».
Sommes-nous capables de souhaiter un monde où l'enfance puisse se mouvoir et s'épanouir ?
Ce que nous avons à cœur de nommer la *Société du Sens*.

Dans un ouvrage à quatre mains, nous mêlons nos consciences et nos aspirations dans une unité partagée, et souhaitons que cet ouvrage contribue à une renaissance de la joie et de l'harmonie, afin de préserver notre précieuse planète ainsi que nos humanités.
Selon Sénèque, ce n'est pas parce que les choses sont difficiles que nous n'osons pas, c'est parce que nous n'osons pas qu'elles sont difficiles.
L'indigence des temps présents ressemble à un sommeil cataleptique, à une chape de plomb posée sur les consciences et sur ses propres signaux de détresse.

---

[2] Céline Alvarez, *Les lois naturelles de l'enfant*, Éditions des arènes, Paris, 2016.
[3] Lao Tseu, *Tao Te King*.

Nous subissons une stratégie d'étouffement ciblant l'âme, la source de vie. C'est pourquoi celle-ci est gelée, et celle-là ralentie au point d'être à peine visible dans le pauvre tourbillon des illusions terrestres.
Un empêchement d'ordre hypnotique prive une majorité silencieuse d'un salutaire réveil. D'où, dans la cité casquée d'ombres : la tristesse des visages, les rires empruntés, la gueule de bois des anonymes, les inavouables secrets des uns et les mythologies agonisantes des autres, la fracture sociale des uns, le « chacun pour soi » des autres. Derrière l'âpreté de la survie demeure le souvenir d'un mauvais rêve.

L'histoire du monde, dans son goulot d'étranglement actuel, du fait, entre autres, de la rupture des liens avec le divin, s'accomplit dans le fractionnement et la division, c'est-à-dire dans l'affaiblissement, les peurs et les compromissions. S'organise alors le dépassement de soi qui est la genèse[4] même de la vie. Il nous incombe de maintenir fermement le cap, les yeux levés vers l'avenir, le nôtre et celui de nos enfants.
L'*intériorité créatrice* nous guide vers la découverte du sens, vers une conscience partagée capable de nous sauver de la fragmentation du monde.

---

[4] Bernard Baudouin, *Le tantrisme*, Presses du Châtelet, 2018.

Tis the time's plague when madmen lead the blind.[5]

William Shakespeare – *King Lear*

---

[5] Tr. : « La peste advient quand les fous guident les aveugles. »

Introduction

La crise sanitaire du Covid-19, venue renforcer les crises économiques et financières, a profondément ébranlé l'ordre mondial, au point de jeter un doute sur sa pérennité.
La question de la compatibilité entre le système économique global et l'environnement n'est pas nouvelle. Il y a déjà près de 50 ans, le rapport Meadows sur les limites de la croissance prévoyait un épuisement prochain des ressources naturelles, au cas où la consommation continuerait à progresser de manière incontrôlée[6]. Les questions qui étaient ainsi posées sont restées largement en suspens.

Dans l'hypothèse d'une poursuite des tendances déjà observées à l'époque, le rapport Meadows prévoyait un déclin de l'économie mondiale à partir de 2015, suivi d'un effondrement des ressources disponibles, entraînant une chute brutale du niveau de la population mondiale à partir de 2030.
Ce rapport a été révisé récemment sans que ses conclusions soient profondément altérées[7]. Différents

---

[6] Donella Meadows, Jorgen Randers, Dennis Meadows, *The Limits to Growth*, 1972, *Halte à la croissance ? Enquête du Club de Rome et rapport sur les limites à la croissance*, Fayard, 1973.
[7] Donella Meadows, Jorgen Randers, Dennis Meadows, *Limits to Growth – The 30-Year Update*, 2013, *Les Limites à la croissance – Le rapport Meadows 30 ans après*, Rue Echiquier, 2017.

économistes, et notamment Gaël Giraud, en France, ont confirmé la validité de cette analyse. De ce fait, la rupture prévue dans ce rapport est peut-être déjà amorcée.

Le thème de l'effondrement a suscité un vaste courant de pensée. Ce sont en général les causes écologiques d'un effondrement qui sont retenues et analysées. L'essayiste américain Jared Diamond a décrit de façon saisissante la manière dont différentes civilisations du passé se sont effondrées en raison de leur incapacité à s'adapter vis-à-vis d'un changement de l'environnement[8].

La civilisation de l'île de Pâques aurait ainsi disparu en raison de l'abattage systématique des arbres utilisés pour le transport et l'édification des blocs de pierre géants, à partir desquels furent réalisés les fameux *moaïs*, causant la destruction de l'écosystème de l'île[9]. Les Mayas n'auraient pas su s'adapter à des périodes prolongées de sécheresse. La disparition des Vikings au Groenland, où ils étaient arrivés à la fin du Xe siècle, serait due à un manque d'adaptation à ce nouveau milieu.

La société globalisée actuelle pourrait connaître le même sort, si elle ne parvient pas à surmonter les dé-

---

[8] Jared Diamond, *Collapse – How Societies Choose to Fail or Succeed*, 2006, *Effondrement : Comment les sociétés décident de leur disparition ou de leur survie*, Gallimard, 2009.
[9] Les raisons de la déforestation restent cependant controversées et très certainement multiples.

fis environnementaux auxquels elle est confrontée, en raison notamment du réchauffement climatique[10].

L'analyse de Jared Diamond a été parfois jugée trop schématique. L'effondrement résulte en général d'un ensemble complexe de facteurs. D'autres causes pourraient également provoquer une fin catastrophique de la civilisation telle qu'elle a été instaurée en Occident.
L'un de ceux qui se sont penchés sur la question, Dmitry Orlov, né en Russie, mais vivant aux États-Unis, considère cinq stades d'effondrement : financier, commercial, politique, social, puis culturel[11]. Selon cet auteur, un effondrement semblable à celui qu'a connu l'URSS pourrait intervenir aux États-Unis en étant déclenché par des évènements tels qu'une politique économique inadéquate, un déclin rapide des ressources pétrolières ou encore un conflit mondial de grande ampleur à la suite d'une brusque aggravation des tensions géopolitiques dans le monde.

À travers le concept de développement durable et inclusif[12], les milieux politiques et économiques ten-

---

[10] Erik M. Conway, Naomi Oreskes, *The Collapse of Western Civilization – A View from the Future*, 2014, *L'effondrement de la civilisation occidentale*, Les Liens qui Libèrent, 2014.
[11] Dmitry Orlov, *The Five Stages of Collapse : a Survivor's Toolkit*, 2013, *Les cinq stades de l'effondrement*, Le Retour aux sources, 2016.
[12] Un développement inclusif prend en compte l'ensemble des personnes quelle que soit leur catégorie sociale et vise à combattre la pauvreté sous toutes ses formes.

tent de maintenir le système économique actuel, en affirmant que la défense de l'environnement pourrait susciter une nouvelle forme de croissance et la création d'emplois dédiés à une *économie verte*. L'Union européenne a endossé le projet d'un *Green Deal*[13], qui permettrait de relancer l'économie par une transformation du système productif, tout en restaurant la nature.

En outre, de grands espoirs ont été placés dans la technologie pour résoudre les problèmes de l'humanité. Les nouvelles technologies numériques sont censées rendre le monde « intelligent » (*smart*). Villes, voitures, systèmes énergétiques, tout devient « smart ».

La plupart des mouvements alternatifs affirment au contraire que rien ne va plus se passer comme avant. Certains, comme Serge Latouche en France, militent en faveur d'un mouvement de décroissance de la consommation, à rebours de la politique de croissance du PNB prônée jusque-là[14]. Pour d'autres, l'effondrement est de toute façon inéluctable et ils veulent pouvoir anticiper une telle catastrophe, dans un monde dont l'économie serait à l'arrêt.

Le *survivalisme* recherche les moyens pour résister à une situation catastrophique, tels que la construction d'un blockhaus avec stockage de denrées alimentaires ou la pratique de stages de survie en milieu hostile.

---

[13] Hazel Henderson, *Building a Win-Win World Life Beyond Global Economic Warfare,* Berrett-Koehler Publishers, San Francisco, 1996.

[14] Serge Latouche, *Le Pari de la décroissance*, Paris, Fayard, 2006.

Le sentiment de pessimisme peut même conduire au refus de procréer des enfants, dont la naissance aurait pour conséquence de dégrader encore un peu plus un monde devenu moins accueillant[15].

L'évolution récente de la situation n'a pas donné raison aux plus optimistes. Les objectifs du développement durable se sont avérés contraires aux exigences de la globalisation néolibérale, qui privilégie constamment le moins-disant en termes économiques, sociaux et environnementaux. Les technologies numériques ont montré leur utilité en cas de crise, mais également leurs limites, en occasionnant de nombreuses pertes d'emploi et en favorisant la montée des inégalités.
Les tensions sociales se sont fortement amplifiées, notamment dans le monde occidental. La France n'a pas été épargnée par le mécontentement populaire, qui a touché une large partie de la population, principalement la moins favorisée.

Il apparaît ainsi que le mal dont souffre la société occidentale est plus profond. Il prend la forme d'un sentiment de déclin, qui est apparu assez tôt en France, mais qui est ressenti également aux États-Unis et dans l'ensemble de l'Europe. L'essayiste américain Ross Douthat[16] évoque une *société décadente*, dont

---

[15] Anne Gotman, *Pas d'enfant – La volonté de ne pas engendrer*, Éditions de la Maison des sciences de l'homme, 2017.
[16] Ross Gregory Douthat, *The Decadent Society – How We Became Victims of Our Own Success*, Avid Reader, 2020.

les facultés intellectuelles et culturelles sont épuisées. La société occidentale suivrait ainsi l'exemple de l'Empire romain, dont le déclin s'est amorcé peu après qu'il fut parvenu au faîte de sa puissance.

Dans ces conditions, il semble peu probable que des mesures à caractère purement technique suffiront pour résorber les crises. Seule une mutation culturelle de grande ampleur permettra de surmonter un sentiment de déclin.
Pour retrouver un élan qui semble avoir disparu, nos sociétés ont besoin de pouvoir *attribuer un sens* profond aux actions qu'elles entreprennent. Les moyens à mettre en œuvre pour y parvenir sont présentés par la suite.
Une telle mutation peut-elle s'accomplir ? Dans la période d'incertitudes actuelles, il serait imprudent de l'affirmer sans douter. Mais nous n'avons pas d'autre choix que de tenter d'y parvenir en réunissant nos efforts[17].

---

[17] Hazel Henderson, *Beyond Globalization, Shaping a Sustainable Global Economy*, Kumarian Press, 1999.

I – La fin du monde plat

1 - Le monde plat

Le monde postmoderne

Tout au long de l'Histoire, chaque civilisation s'est donné une vision du monde[18], un système de pensée à travers une religion et une certaine conception du Beau, du Juste et du Vrai[19].
De ce point de vue, l'époque contemporaine marque une exception, tout au moins pour le monde occidental, qui semble avoir renoncé à une telle unité de conscience et d'ouverture d'esprit. Le monde est devenu une machine dont le fonctionnement engendre la frustration et l'ennui. Suivant la vision de William Blake : « Les limites irritent celui qu'elles confinent. L'immuable banale ronde d'un même univers donne vite le sentiment d'une usine aux engrenages complexes. »[20] La sensation de faire partie d'une mécanique conduit à une *perte de sens*.

Dès lors, il devient difficile de définir ce qui caractérise le monde actuel, sinon en le situant par rapport

---

[18] Alexandre Rojey, *La Réinvention du monde – Entre utopie et principe de réalité*, L'Harmattan, 2013.
[19] Michel de Grèce, *La femme sacrée* – Les Éditions Retrouvées, 2013.
[20] William Blake, *The Marriage of Heaven and Hell*, 1790-1793, *Le mariage du Ciel et de l'Enfer et autres poèmes*, Gallimard, 2013.

à la vision du monde qui l'a précédé. Il ne reste plus qu'à le qualifier de *postmoderne* pour indiquer qu'il a renoncé aux conceptions structurantes qui inspiraient la modernité.

Dans le domaine culturel, toute la période qui suit les années 70 du siècle dernier a vu triompher les conceptions du « postmodernisme », que le critique littéraire américain Ihab Hassan fut le premier à identifier sous ce terme[21]. Pour le philosophe Jean-François Lyotard[22], le postmodernisme annonce la fin des « grands récits » (*métarécits*), qui visent à expliquer l'intégralité de l'histoire humaine.

L'idéal de la modernité était celui du progrès de la science et de la technique, le progrès tel qu'il apparaît à l'imagination enthousiaste de Jules Verne, celui qui a permis l'exploration de la Terre tout entière, le triomphe de la médecine sur la maladie, l'avènement de la fée électricité éclairant l'humanité.

L'enthousiasme de jadis a laissé place au doute et aux craintes. Le postmodernisme a renoncé aux grandes espérances. Il s'est fondu dans la globalisation, adoptant sans hésiter tous les amalgames possibles entre les styles de différents continents, ajoutant une frise d'inspiration chinoise à un im-

---

[21] Ihab Hassan, *The Postmodern Turn: Essays in Postmodern Theory and Culture*, Ohio State University Press, 1988.
[22] Jean-François Lyotard, *La condition postmoderne – Rapport sur le savoir*, Éditions de Minuit, 1979.

meuble en verre et en acier, des colonnes antiques à un ensemble de bureaux.

Abandonnant toute volonté de cohérence, le postmodernisme pratique le syncrétisme des genres, en mélangeant des éléments de style classique (colonnes, chapiteaux, frontons) à des éléments modernes. Il accepte tous les syncrétismes de pensée, joue de la citation et de l'emprunt, mêle avant-garde et culture populaire, associe les matériaux les plus divers, manipule avec ironie différents niveaux de lecture. Il affectionne une distanciation qui s'exprime par la primauté attribuée à la décoration et au divertissement au détriment de toute signification d'ensemble.

Les grandes utopies prévoyaient l'avènement d'un monde quasiment parfait, dominé par la raison. Charles Fourier imaginait une humanité organisée en phalanstères formant le socle d'un nouvel État. Auguste Comte annonçait le triomphe du positivisme, fondé sur la connaissance scientifique, qui allait rendre inutiles les questions métaphysiques.

Le XXe siècle, dont on attendait l'accomplissement de ces projets, a été celui des espoirs envolés. Les grands mouvements totalitaires du XXe siècle ont prétendu les incarner. Les régimes de dictature qui en ont résulté, les guerres et les exterminations qu'ont causées ces idéologies les ont discréditées sans doute à jamais, du moins faut-il l'espérer[23].

---

[23] Pierre Accoce et Dr. Pierre Rentchnick, *Ces malades qui nous gouvernent*, Stock, 1976.

Les progrès technologiques se sont poursuivis, mais les fées se sont tues. La foi en la science a faibli. Les hécatombes du XXe siècle ont discrédité l'espoir qu'avaient suscité les Lumières en un progrès humain ininterrompu fondé sur la Raison.

L'explosion de la bombe d'Hiroshima a montré que la science, sur laquelle l'humanité fondait tous ses espoirs, représente également une menace. Avec l'arme nucléaire, l'humanité a acquis les moyens de s'autodétruire. Comme l'a fort justement constaté Günther Anders, sa capacité de destruction dépasse l'entendement humain[24]. Ceci explique peut-être que cette menace soit rarement évoquée aujourd'hui alors qu'elle ne fait que s'accroître.

La perte de confiance en l'avenir a conduit à un désenchantement collectif. Les convictions ont été perçues comme des illusions, la vérité comme une imposture, le monde comme un simulacre, à l'image de la ville de Venise reconstituée à Las Vegas sous forme d'un décor. Tout n'est plus qu'apparence et emballage, dans un monde qui devient lui-même largement virtuel. De même que les vérités, tous les styles se valent, se combinent et se mélangent au gré des opportunités.

Le postmodernisme ne croit plus en l'existence d'une vérité. Il n'admet que des points de vue, qui se valent

---

[24] Günther Anders, *Hiroshima ist überall*, 1995, *La Menace nucléaire : Considérations radicales sur l'âge atomique*, Paris, Le Serpent à Plumes, 2006.

tous entre eux. La communication prime sur le contenu, la forme sur le fond.
Cette conception de la vérité est conforme aux lois du marché, qui imposent, à tout moment, une adaptation instantanée de l'offre à la demande. La vision du monde fluctue avec la mode. La référence suprême n'est plus Dieu[25] ou la Raison, mais le seul Marché[26].
Dans les différents domaines de la politique ou des affaires, le simulacre triomphe. Derrière la façade imitant l'Antique se dissimule l'arrière-boutique dans laquelle se discutent les affaires et se réalisent les profits.

Dans un tel contexte, il n'est plus possible de se placer dans une perspective durable[27] ni de se conformer à l'intérêt général. Seule compte la dictature de l'instant qui fait disparaître toute vision d'avenir et toute réminiscence des traditions du passé.
Il en va de même en ce qui concerne les valeurs collectives. Tout se ramène à des modes fluctuantes, qui font régner l'identique en de multiples copies.

Consommer toujours plus

Au lendemain de la Seconde Guerre mondiale, le monde fut séparé par un *rideau de fer*, entre un bloc

---

[25] Boris Cyrulnik, *Psychothérapie de Dieu*, Odile Jacob, 2017.
[26] Tomas Björman, *The World We Create*, Whitefox Publishing Ltd, 2019.
[27] Pierre Caye, *Durer – Éléments pour la transformation du système productif*, Les Belles Lettres, 2020.

de l'Est autour de l'URSS et de la Chine, qui affichait encore l'ambition de faire triompher sous le nom de « communisme » un socialisme étatique, et un bloc capitaliste occidental mené par les États-Unis.

L'heure était à la reconstruction. Nombreux étaient ceux qui espéraient l'avènement « d'un monde meilleur » faisant suite à la défaite de l'Allemagne nazie. En France, après quelques années marquées par l'instabilité et un vaste mouvement de décolonisation, le redressement du pays fut entrepris sous l'égide du général de Gaulle, en vue d'assurer l'indépendance et la grandeur de la France.
Son entreprise fut soutenue par des personnalités issues de la Résistance, comme André Malraux[28] dans le domaine de la culture, dont la réflexion visionnaire englobait l'histoire passée et l'avenir lointain[29].

Les trente années qui ont suivi la fin de la guerre, les fameuses « Trente Glorieuses », ont constitué en France une période de croissance économique tout à fait exceptionnelle. Le modèle social-démocrate prédominant en Europe au lendemain de la Seconde Guerre mondiale permettait de concilier prospérité économique et protection sociale.
Toutefois, le renforcement du capitalisme qui résultait de cette croissance économique n'était pas inscrit dans l'ADN culturel de la nation. Contrairement à ce

---

[28] André Malraux, *Les Noyers de l'Altenburg*, Gallimard, 1948.
[29] André Malraux, *Lazare – Le miroir des limbes*, Gallimard, 1974.

qui se pratiquait aux États-Unis, il était jadis malséant de parler d'argent en France entre gens de bonne compagnie. Ceci allait progressivement changer, avec l'enrichissement rapide d'une minorité.

L'amélioration du niveau de vie semblait aller de soi. Beaucoup aspiraient à mener une vie plus facile, libérée des contraintes que semblait imposer une hiérarchie jugée pesante.
Réclamant plus de libertés, le mouvement de mai 68 parvint à obtenir le départ du général de Gaulle, mais, contrairement aux espoirs de ses partisans, ce départ eut comme principale conséquence de précipiter la France dans un capitalisme beaucoup plus affirmé, incarné par Georges Pompidou, puis Valéry Giscard d'Estaing.
Comme autre conséquence, ce départ allait contribuer à ancrer la France dans le bloc atlantique[30], loin de l'indépendance souhaitée par Charles de Gaulle, même si la réintégration effective de la France dans le commandement intégré de l'OTAN n'intervint que plus tard, sous la présidence de Nicolas Sarkozy.

Dans sa rivalité avec les pays de l'Est, le monde capitaliste affichait toujours plus de tentations. Alors que les vitrines des magasins en URSS étaient souvent dégarnies, celles de l'Ouest rivalisaient d'opulence. Les publicités affichaient partout des incitations à con-

---

[30] Léonce Peillard, *La bataille de l'Atlantique (1939-1945)*, Académie de Marine, Robert Laffont, 1974.

sommer, à grand renfort de néons multicolores. Piccadilly Circus à Londres en était l'emblème. Nulle part, le contraste entre l'Est et l'Ouest n'était mieux affirmé qu'à Berlin, où les grandes avenues sombres de Berlin-Est faisaient face aux immeubles scintillants de publicités lumineuses des centres commerciaux disposés le long de la Kurfürstendamm à Berlin-Ouest.

Progressivement, la consommation de « toujours plus » de biens était devenue un but en soi. Tous les moyens étaient bons pour y parvenir. Toujours plus de publicité s'étalait sur les pages glacées des magazines. Il fallait répandre de nouvelles modes, diffuser de nouveaux *gadgets*, vendre des produits jetables, généraliser l'obsolescence programmée.
Ces opérations de séduction eurent un impact marqué sur les habitants des pays de l'Est et notamment ceux de l'URSS, qui s'imaginaient, non sans naïveté, qu'il leur suffirait de renoncer à leur système de gouvernement, pour accéder à un pays de cocagne, le paradis occidental de la consommation.

Paradoxalement, la chute de l'URSS est intervenue à un moment où le système occidental commençait à dériver dangereusement. Les deux chocs pétroliers de 1973 et de 1979, entraînés par la rapide croissance de la consommation, eurent comme conséquence directe l'arrêt de la croissance économique fulgurante que connaissait la France.

En 1972 déjà, le Club de Rome avait alerté le monde sur les limites prévisibles de la croissance[31]. Ces conclusions jugées pessimistes ne furent pas admises immédiatement, mais s'imposèrent progressivement, conduisant en 1987 au concept de développement durable présenté par Gro Harlem Brundtland, alors Premier ministre de Norvège, dans un rapport de l'Organisation des Nations unies[32].

Cependant, au cours de la même période, le système capitaliste, entraîné par un puissant courant idéologique, paraissait de moins en moins enclin à accepter les contraintes réglementaires émises par un État. Cette évolution conduisit au mouvement dit de « dérégulation », initié avant même la chute de l'URSS par Margaret Thatcher au Royaume-Uni et par Ronald Reagan aux États-Unis. Ce mouvement, qualifié de néolibéral, put se développer sans entraves dès lors qu'il n'était plus confronté à la compétition engagée avec le bloc de l'Est.

La fin de l'histoire

Le mouvement de dérégulation semblait initialement s'inscrire dans la longue tradition du libéralisme an-

---

[31] Donella Meadows, Jorgen Randers, Dennis Meadows, *The Limits to Growth*, 1972, *op. cit*.
[32] Gro Harlem Brundtland, *Our Common Future*, *Notre avenir à tous*, Organisation des Nations unies, 1987.

glo-saxon[33]. Le libéralisme, tel qu'il était traditionnellement perçu aux États-Unis, était, à l'origine, profondément démocratique. Pendant longtemps, sous l'influence européenne, les intellectuels américains « libéraux » ont revendiqué leur appartenance à la gauche. Ils ont soutenu la cause des libertés individuelles et le droit des peuples à maintenir leur indépendance. Leur pacifisme s'était renforcé à la suite des violentes manifestations menées contre la guerre au Vietnam.

Soutenus par d'importants intérêts financiers, les néoconservateurs allaient mener une intense campagne pour attirer à eux des milieux intellectuels qui se situaient traditionnellement à gauche. Dans leur soutien à l'hégémonie américaine au nom d'un « exceptionnalisme » qu'ils légitimaient par la mission civilisatrice des États-Unis, garants des libertés et de la démocratie, ils trouvèrent un puissant appui politique en la personne de Ronald Reagan.

La chute de l'URSS parut leur apporter la victoire. Les États-Unis n'avaient plus face à eux de puissance rivale et plus personne ne pouvait s'opposer à leur domination.

L'historien Francis Fukuyama[34] crut pouvoir annoncer *la fin de l'histoire*, avec la disparition de toute

---

[33] Edgar Morin, *Introduction à la pensée complexe*, Essai (Poche), 2014.
[34] Francis Fukuyama, *The End of History and the Last Man*, 1992 ; *La Fin de l'histoire et le Dernier Homme*, Flammarion, 1992.

alternative à la démocratie libérale telle qu'elle avait été instaurée aux États-Unis. Dès lors, le monde occidental était libre d'étendre son système de gouvernance à la planète entière.

La Russie, alors qu'elle avait amorcé elle-même le dégel ayant conduit à la chute du régime soviétique, était traitée en pays vaincu. L'Occident passait des accords inégaux avec Boris Eltsine, proche des oligarques et de Bill Clinton. La Russie était ramenée à un statut colonial et livrée aux intérêts américains. De son côté, l'Union européenne, en intégrant les anciens pays de l'Est confiés à des gouvernements très hostiles à la Russie, se plaçait résolument dans le clan des États-Unis en acceptant la condition de dominion américain.

Alors que le pacte de Varsovie, qui permettait le maintien de troupes soviétiques en Europe de l'Est, avait été aboli, l'Organisation de l'Atlantique Nord, l'OTAN, est restée en place et a étendu progressivement ses bases dans les anciens pays satellites de l'URSS, encerclant la Russie[35]. L'OTAN est intervenue pour éliminer les États qui avaient conservé des liens avec la Russie, notamment en démantelant l'ex-Yougoslavie.
La plupart des dirigeants de l'Union européenne étaient dorénavant liés d'une manière ou d'une autre aux intérêts américains, à l'image de José Barroso, président de la Commission européenne, qui, à

---

[35] Hervé Juvin, *Le Mur de l'Ouest n'est pas tombé*, Éditeur Pierre-Guillaume de Roux, 2015.

son départ de la Commission, a rejoint la banque d'affaires américaine Goldman Sachs, cette même banque dont le comportement fut décrié durant la crise financière de 2008[36].

Cette politique d'hégémonie américaine finit par se heurter pourtant à de sérieux obstacles.
En Russie, un nouvel homme fort, Vladimir Poutine, entreprit de mettre un terme à l'ingérence des États-Unis. En réarmant son pays, il posait un nouveau défi à la puissance américaine.
L'Occident demeurait alors confronté à l'islamisme radical après avoir soutenu ce mouvement en Afghanistan pour lutter contre l'Union soviétique. L'attentat du 11 septembre 2001 fut l'occasion d'engager une série d'interventions militaires en Afghanistan, au Moyen-Orient, en Irak, puis en Libye et en Syrie, dans le cadre d'une lutte contre « l'axe du mal », selon la rhétorique binaire de George Bush. Ces opérations se traduisirent toutefois par des échecs. En Afghanistan, après des années d'occupations militaires, les États-Unis ont été forcés de négocier avec les talibans[37] en acceptant de ramener au pouvoir ceux qu'ils avaient voulu chasser. [38]

---

[36] Et qui, de surcroît, participa au « trucage » des comptes publics de la Grèce.
[37] Mot arabe désignant un étudiant supérieur en sciences religieuses.
[38] Claude Faure, *Shalom Salam : Dictionnaire pour une meilleure approche du conflit israélo-palestinien*, Fayard, 2002.

L'échec des multiples processus de paix, engagés au Proche-Orient sous l'égide des États-Unis, a nourri un ressentiment anti-américain, voire de la haine, en faisant le lit de nombreux mouvements extrémistes de par le monde, bien au-delà de la seule région du Proche-Orient. Le pétrole, l'affrontement Est-Ouest et la question palestinienne sont venus renforcer les causes premières du conflit, le Proche-Orient devenant le champ de bataille d'intérêts économiques et politiques à l'échelle internationale. S'enchevêtrent, dans ces régions où les situations sont éminemment complexes, les religions, les politiques, le passé et le présent, les intérêts locaux et régionaux, voire même l'eau et le sable.

La puissance économique de la Chine et sans doute plus tard de l'Inde[39], longtemps considérées comme de simples sous-traitants des firmes occidentales, risque de dépasser prochainement celle des États-Unis, ce que ces derniers interprètent, à tort ou à raison, comme une sérieuse menace.

La primauté des États-Unis est ainsi largement contestée. La désindustrialisation continue du pays et les difficultés croissantes d'une grande partie de la population ont abouti à l'élection du président Donald Trump en 2016.

Le monde est redevenu ainsi multipolaire, la puissance américaine étant contestée notamment par la

---

[39] Akash Kapur, *L'Inde de demain, Les Indiens face à la mondialisation*, Albin Michel, 2014.

Chine et la Russie. Les États-Unis eux-mêmes sous la présidence de Donald Trump ne semblaient plus vouloir respecter les règles d'une globalisation qu'ils avaient pourtant été les premiers à instaurer. Il semble peu probable qu'ils renoncent à l'exceptionnalisme américain après son départ.

Les rebondissements actuels montrent ainsi que non seulement l'histoire n'est pas achevée, mais qu'à bien des égards, elle ne fait que commencer. Dès à présent, les différentes atteintes aux libertés individuelles pointent vers un avenir dystopique, conforme à la société totalitaire de « Big Brother » décrite par George Orwell dans son ouvrage *1984*[40], inspiré du roman *Nous autres* d'Eugène Zamiatine[41].

Le néolibéralisme

La dérégulation menée aux États-Unis et en Europe par les gouvernements Reagan et Thatcher était issue de la pensée économique *néolibérale*, représentée notamment par l'École de Chicago, dont l'économiste Milton Friedman est l'une des figures les plus connues. La présence du Royaume-Uni au sein de l'Union européenne facilita grandement l'adoption de cette idéologie en Europe.

---

[40] George Orwell, *Nineteen Eighty-Four*, 1949; *1984*, Folio, 2020.
[41] Eugène Zamiatine, *Nous autres*, 1920, Gallimard, collection « L'imaginaire », 1979.

L'échec de l'Union soviétique et de la planification centralisée qu'elle avait mise en place servit d'argument pour amoindrir le rôle de l'État et faire passer l'idée que le Marché représente l'outil le plus à même de satisfaire les besoins humains[42].

L'idéologie du néolibéralisme, qui se présente comme un *ultralibéralisme*, diffère profondément de celle que défendait le libéralisme classique. Alors que ce dernier est fondé sur un principe de *liberté*, le néolibéralisme entend imposer son mode de fonctionnement au monde entier. Aucune réglementation ne doit contrecarrer les arbitrages du Marché, qui sont censés conduire à l'optimum économique. Rien n'est censé s'opposer à ses règles qui doivent prévaloir sur celles des États.

Le libéralisme classique accepte un principe de *réciprocité*, selon lequel chacun dispose des mêmes droits. Sans toujours les suivre, il reconnaît l'existence de droits naturels et inaliénables de la personne humaine suivant les principes qui ont fondé l'humanisme.
Il admet les choix démocratiques, la liberté d'expression, la séparation des pouvoirs, la protection sociale et le droit du travail. Il cherche à promouvoir des échanges commerciaux pacifiques entre des parte-

---

[42] David Harvey, *A Brief History of Neoliberalism*, 2007, *Brève Histoire du Néolibéralisme*, Les Prairies Ordinaires, 2014.

naires supposés libres et détenteurs de droits. Sur le plan économique, il se donne comme objectif de créer le bonheur de tous, en suivant le principe de non-nuisance de l'économiste John Stuart Mill, selon lequel chacun doit rester entièrement libre de ses actes, à condition que ceux-ci ne puissent pas nuire à autrui[43]. L'État libéral reste porteur de l'idéal des Lumières. Il prend à son compte le projet *moderne* de création d'une société libérée de toutes les formes de tyrannie et permettant à chacun de s'épanouir pleinement.

Le néolibéralisme, au contraire, n'admet aucun principe fondateur, rejoignant en cela les conceptions *postmodernes*. Ne prenant en compte que les rapports de force, il suit une logique darwinienne de « lutte pour la vie », selon laquelle la loi du plus fort est censée être la meilleure. Le vainqueur est celui qui sait s'adapter le mieux à la situation du moment, celui qui est le plus malin ou le plus *agile*, pour employer un terme couramment utilisé dans le jargon du conseil en *management*.
Suivant la logique néolibérale, la *gouvernance* du monde revient aux grandes entreprises et l'État doit simplement les aider à renforcer leur pouvoir de contrôle. Le monde politique devient entièrement dépendant de l'économie, qui doit, elle-même, se conformer aux lois du Marché.

---

[43] Notamment dans son ouvrage *De la liberté*, 1859.

D'après Hayek, le système économique devrait suivre les principes d'un ordre spontané[44]. Un tel système auto-organisé ne requiert aucune décision politique. Il est simplement nécessaire de veiller à ce que les règles du Marché soient appliquées. Des organisations internationales telles que l'OMC sont prévues à cet effet.

La logique du rapport de force entraîne inévitablement des conflits à tous les niveaux, que ce soit entre les entreprises ou entre les nations. Les guerres ne sont plus seulement militaires, mais aussi économiques, monétaires et financières[45]. Un système de sanctions économiques est appliqué à toutes les nations qui ne voudraient pas se conformer à l'ordre établi.

La globalisation

La globalisation, en désignant ainsi la mondialisation conçue selon la logique néolibérale, permet aux grandes compagnies internationales, en majorité sous égide américaine, d'étendre leur influence et d'accroître leur profit. C'est une transformation qui

---

[44] Friedrich von Hayek, *Law, Legislation and Liberty, 1 : Rules and Order*, 1983, *Droit, législation et liberté*, Presses Universitaires de France, collection Quadrige, 2007.
[45] Jean François Gayraud, *L'art de la guerre financière*, Odile Jacob, 2016.

va bien au-delà d'une simple mondialisation des échanges, car elle vise une intégration complète de l'ensemble des économies.

Produire au moindre coût permet de maximiser la marge de profit. Il s'agit donc de trouver n'importe où dans le monde le moins-disant en termes de salaires, mais aussi sur le plan environnemental et social.
La Chine, qui a accepté de jouer ce rôle pendant longtemps, est ainsi devenue l'atelier du monde dans de très nombreux domaines, comme les équipements électroniques, les micro-ordinateurs, mais aussi les batteries, les panneaux photovoltaïques, les équipements sanitaires et médicaux. Ceci a été accompli avec une main-d'œuvre venant des campagnes, peu payée et exploitée dans des conditions parfois proches d'un esclavage déguisé. La production massive de tous ces équipements dans des giga-usines a engendré une forte consommation de ressources et une pollution considérable. La Chine est ainsi devenue le premier émetteur mondial de gaz à effet de serre.

Certes, l'abaissement des coûts a été favorable au consommateur occidental en termes de pouvoir d'achat, mais l'accroissement de la consommation qui en a résulté s'est effectué en grande partie aux dépens de l'environnement. La préservation des ressources naturelles constitue un problème critique, qui se double en outre d'un risque important sur le plan géopolitique, car la Chine détient un quasi-monopole sur certains matériaux critiques et notamment les terres rares.

La globalisation néolibérale a en outre fourni un moyen pour peser sur les salaires et les avantages sociaux dans les pays occidentaux, en jouant sur la menace d'une délocalisation. Cette pression sur les salaires a été renforcée en ayant recours à des travailleurs immigrés exploités. Ce modèle économique a eu comme conséquences à la fois un accroissement des inégalités et une destruction de l'environnement.

C'est ainsi qu'a été créé un *monde plat*, totalement ouvert au commerce international et aux mouvements de capitaux, diffusant les mêmes produits standardisés partout dans le Monde[46].

La globalisation ne concerne pas que les produits et les équipements. Elle concerne également les biens culturels, ainsi que les standards de toutes sortes. Hollywood diffuse dans le monde entier les films produits dans ses studios, mais aussi tous les produits dérivés, tandis que les chaînes de *fast-food* se multiplient partout dans le monde.

Il en résulte une uniformisation des produits culturels et des modes de vie, favorisée par la concentration des moyens de diffusion aux mains de groupes financiers.

---

[46] Thomas Friedman, *The World Is Flat : A Brief History Of The Twenty-First Century*, 2005, *La terre est plate – Une brève histoire du XXIe siècle*, Saint-Simon, 2006.

La crise sanitaire du Covid-19 a mis en évidence les aspects négatifs de cette situation, en montrant l'extrême dépendance des pays occidentaux vis-à-vis des produits sanitaires et médicaux importés de pays émergents, notamment en provenance de la Chine.
Simultanément, les pays occidentaux et notamment les États-Unis commencent à se rendre compte qu'en transférant leurs moyens de production en Chine, ils ont perdu une grande partie de leur puissance industrielle et se trouvent confrontés à la menace croissante d'une suprématie chinoise. Cette évolution a été, en outre, favorisée par des transferts massifs de technologie que les Chinois ont eu l'habileté de négocier.

La financiarisation du monde

La globalisation s'est accompagnée d'un fort accroissement de la circulation des capitaux à l'échelle internationale, généré dans un premier temps par l'afflux des pétrodollars acquis par les pays exportateurs de pétrole, puis par l'expansion rapide des revenus provenant de l'exportation de marchandises par les pays émergents.
Ces mouvements de capitaux ont favorisé une financiarisation croissante de l'économie. Le développement des fonds de pension a également contribué à faire grossir le volume des capitaux à la recherche du placement le plus rémunérateur. Dans le contexte de

compétition internationale qu'a instauré la mondialisation, les différents pays ont rivalisé d'ingéniosité pour attirer les capitaux.

De nombreux dirigeants d'entreprises ont été associés à ces profits. Les montants de leurs rémunérations ont atteint des niveaux souvent disproportionnés, voire indécents, par rapport à ceux des salariés.
L'activité financière est devenue, dans les pays développés, l'une des principales sources de profit. À partir des années 2000, le secteur bancaire a représenté 40 % des profits du secteur privé aux États-Unis, alors que cette part ne dépassait pas 15 % avant 1986[47]. Après la perte d'une large partie de leurs activités industrielles au profit des pays émergents, c'était là également un moyen de retrouver d'importantes plus-values.

La financiarisation de l'économie, qui a accompagné la globalisation, a transformé la nature du capitalisme contemporain. Le développement fulgurant des technologies numériques a facilité cette mutation. Des transactions financières ont pu être ainsi opérées de manière quasiment instantanée et pratiquement sans frais, ce qui a favorisé les mouvements spéculatifs et le développement d'une vaste économie virtuelle.
La concurrence entre les différentes places financières a découragé toutes les tentatives d'imposer

---

[47] Vincent Ponset et Guillaume Vuillemey, *Capitalisme foncier ou d'entrepreneurs*, *Le temps*, 24 mars 2010.

une réglementation rigoureuse et d'instaurer une fiscalité sur les transactions financières. Il est ainsi devenu beaucoup plus facile de s'enrichir par la spéculation que par la création d'entreprises.

Durant toute la période du capitalisme industriel, du XIXe au XXe siècle, le profit de l'investisseur était lié au bon fonctionnement de l'entreprise dans laquelle il avait investi. Les entreprises familiales étaient considérées comme un patrimoine à préserver, à faire fructifier et à transmettre de génération en génération. Au contraire, le fonctionnement de l'économie financière est largement découplé de celui de l'économie réelle. Le marché des transactions financières, dont la plus grande partie est représentée par les seuls produits dérivés, dépasse largement à présent le volume de l'économie réelle.
Tandis que le capitalisme antérieur privilégie les notions de patrimoine et d'épargne, le *financialisme* actuel s'épanouit dans le virtuel et les flux. Il s'enrichit en pratiquant une spéculation découplée de l'économie réelle et en opérant à travers une superposition de couches financières complexes et opaques.

Pendant deux décennies, jusque dans les années 2000, la financiarisation de l'économie a pu paraître bénéfique, surtout aux États-Unis, qui avaient été à l'origine du mouvement. La croissance de l'économie permettait d'afficher un certain optimisme. La prospérité apparente des pays développés a toutefois été achetée à crédit. Les inégalités croissantes ont rendu difficile le maintien du niveau de vie des populations les plus modestes.

Alors qu'en Europe l'impact de ce phénomène a été atténué par les mécanismes de protection sociale, aux États-Unis l'endettement croissant des particuliers, qui avait été encouragé par la politique du gouvernement, a été l'une des causes de la crise financière de 2008. Les pertes qui ont résulté de cette crise ont atteint un montant de 500 milliards de dollars, épongé par le contribuable ou englobé dans le volume de la dette.

Aux États-Unis, mais aussi en Europe, les pouvoirs publics durent intervenir massivement pour empêcher les organisations financières de s'effondrer les unes après les autres par un effet domino. Ces interventions, réclamées par ceux-là mêmes qui refusaient toute intervention de l'État, allaient bien sûr à l'encontre des principes de l'économie néolibérale. Elles ont permis d'éviter un effondrement généralisé des organismes bancaires, mais n'ont pas mis fin à la crise.

Le pouvoir oligarchique

Dans le monde de la globalisation néolibérale, une caste dirigeante détient le pouvoir financier et le pouvoir politique, qui fusionnent. Elle entend imposer dans le monde entier ses règles de fonctionnement.

Les personnes qui font partie de cette oligarchie appartiennent à différentes nations, mais se sentent peu liées à leur pays d'origine. Elles partagent les mêmes goûts, les mêmes modes de vie, les mêmes idées. Elles fréquentent les mêmes universités, souvent anglo-saxonnes[48].

Elles se soutiennent mutuellement dans la défense de leurs privilèges. Cette solidarité implique, en retour, une adhésion inconditionnelle aux principes du néolibéralisme.

Choisis pour leur capacité à communiquer habilement[49] et à faciliter un consensus, les représentants du pouvoir politique deviennent de simples porte-paroles de l'oligarchie en place.

La coupure entre cette oligarchie et le reste de la population s'est accentuée avec la montée des inégalités. Elle marque la séparation entre une minorité qui peut prospérer n'importe où dans le monde et une population qui reste dépendante d'un territoire.

Dès les années 90, le dissident soviétique Alexandre Zinoviev avait jugé qu'une classe dirigeante ou *suprasociété* était présente au sein de la société occidentale comme dans celle de l'ex-URSS, où elle était formée par le parti communiste et les struc-

---

[48] Jean Ziegler, *Les Nouveaux Maîtres du monde et ceux qui leur résistent*, Paris, Éditions Fayard, 2002.

[49] Grégory Le Roy, *Faire réussir les acteurs clés de l'entreprise avec des interventions brèves*, Interéditions, 2012/2016.

tures bureaucratiques affiliées[50]. Une structure de pouvoir similaire existait également en Chine communiste, où elle a pu se maintenir.

Selon Zinoviev, après la Seconde Guerre mondiale, a commencé à se construire dans le monde occidental une suprasociété de type différent, représentée par l'oligarchie financière et les institutions qui en dépendent. Contrôlant les médias et les groupes de pression, cette « *super-classe mondiale*[51] » parvient à privatiser les gains, tout en transférant au secteur public les coûts induits par la dérégulation du système économique.

Contrairement aux déclarations de principe de ses promoteurs, le fonctionnement néolibéral de l'économie nécessite la mise en œuvre de nombreuses règles administratives et doit s'appuyer de ce fait sur une vaste bureaucratie semblable à celle qui existait dans l'ancienne Union soviétique[52]. Cette bureaucratie est placée dans un rapport d'allégeance vis-à-vis de la suprasociété.

Le modèle de gouvernance des entreprises, dont le mode de fonctionnement n'a rien de démocratique, est alors transposé au niveau des organes de gouvernement. La démocratie est vidée de sa raison d'être,

---

[50] Alexandre Zinoviev, *La Suprasociété globale et la Russie*, L'Âge d'Homme, 2000.
[51] Michel Geoffroy, *La superclasse mondiale contre les peuples*, Via Romana, 2018.
[52] David Graeber, *The Utopia of Rules*, 2015, *Bureaucratie*, Les Liens qui Libèrent, 2015.

car les décisions à prendre sont assimilées à des activités de gestion plutôt qu'à des choix politiques. En outre, dans un contexte de compétition sur le Marché mondial, elles sont principalement motivées par les intérêts des grandes entreprises[53], bien avant ceux des citoyens.

Après avoir triomphé de l'URSS, en promettant à ses habitants liberté et prospérité à condition d'en finir avec le régime soviétique, la suprasociété occidentale, qui n'était plus confrontée à un système rival, s'est sentie libre d'agir à sa guise et d'imposer ses exigences à sa propre population.
Pour faire respecter les règles qu'elle entend imposer, elle s'est appuyée sur la puissance impériale des États-Unis. Toutefois, les conséquences des politiques qui sont ainsi menées se sont avérées négatives, non seulement pour les populations des pays tiers, mais également pour la population américaine.
Aux États-Unis, les inégalités ont augmenté, la population est de plus en plus mal protégée et la désindustrialisation affecte des régions entières, alors même qu'une minorité réalise à travers la spéculation et la création monétaire des profits considérables sans avoir à produire de véritable valeur ajoutée.

---

[53] Christian Hervé, Marie-France Mamzer et Michèle Stanton-Jean (sous la direction de), *Autour de l'intégrité scientifique, la loyauté et la probité – Aspects cliniques, éthiques et juridiques*, Dalloz, 2016.

Cette situation explique certainement l'élection de Donald Trump en 2016, qui n'a toutefois pas démontré, au cours de son mandat, sa capacité à transformer en profondeur le système néolibéral.

Le nivellement des cultures

La globalisation néolibérale a été conçue de façon à diffuser partout les mêmes produits standardisés en vue de maximiser les marges de profit. L'uniformisation économique et culturelle qui en résulte permet d'augmenter les marges de profit et de formater les opinions par des accès biaisés à l'inconscient collectif, en décourageant toutes les formes de pensées alternatives.
Tout en prétendant ne dépendre d'aucune idéologie, la globalisation répand partout les mêmes produits culturels, ainsi que les mêmes ordinateurs, smartphones, téléviseurs ou équipements ménagers. L'uniformisation technologique facilite l'uniformisation culturelle. Elle entraîne une disparition progressive des cultures et des traditions nationales ou régionales[54].

La culture se retrouve soumise, comme l'ensemble des autres activités, à la loi du Marché. Les œuvres produites sont considérées, soit comme des objets de spéculation, soit comme des emblèmes de puis-

---

[54] Rudyard Kipling, *Le parfum des voyages – Chroniques et reportages (1887-1913)*, Éditions Robert Laffont, 2018.

sance, voire de pouvoir. Elles restent conformes aux codes imposés par le pouvoir en place. Les cultures régionales et nationales sont ainsi progressivement éradiquées. Elles ne représentent que des témoignages du passé, dont la valeur est purement ethnographique.

La culture *mainstream*, qui dispose de moyens hors de portée des producteurs locaux, élimine progressivement toutes les autres formes d'expression, en diffusant des spectacles, des films et des séries télévisées sur l'ensemble de la planète[55]. Le goût du public est conditionné par la publicité. Les ressources issues des découvertes scientifiques et notamment des neurosciences sont mises en œuvre pour y parvenir.

Les produits culturels deviennent des produits de consommation comme les autres. Ils doivent, avant tout, séduire le consommateur, de préférence par la forme et l'emballage, mais en évitant, surtout, de l'inciter à penser par lui-même. Le nivellement par le bas, pratiqué dans le but inavoué de décourager tout esprit critique, ne peut mener à terme qu'à la disparition inévitable d'une véritable culture. Une telle forme de conditionnement avait déjà été décrite par Aldous Huxley dans *Le Meilleur des mondes*[56]. Tandis que George Orwell exprimait dans *1984* la crainte

---

[55] Frédéric Martel, *Mainstream – Cette culture qui plaît à tout le monde*, Flammarion, 2010.
[56] Aldous Huxley, *Brave New World*, 1932, *Le Meilleur des mondes*, Pocket, 2017.

d'une interdiction des livres[57], selon Huxley, il deviendrait inutile de bannir un livre dans un monde où plus personne ne voudrait lire.

Le nivellement des cultures se heurte toutefois à la permanence des traditions et à la volonté des peuples de préserver une identité propre. Le patriotisme, voire le nationalisme restent puissants. Le domaine de la culture demeure ainsi un terrain d'affrontement au lieu de constituer un terrain de partage et d'enrichissement mutuel, suivant sa vocation première.

Le besoin d'alternatives

De nombreux mouvements alternatifs, ONG et associations proposent des priorités différentes de celles qu'impose le système productiviste actuel. Ces organisations tentent de substituer des impératifs de préservation de l'environnement, de qualité de vie et de recherche de la paix à la poursuite permanente de la croissance économique.
La critique de la société de consommation trouve son origine dans les mouvements de mai 68. Dans les années 70, Ivan Illich dénonçait déjà la société de consommation et le gaspillage qu'elle entraîne. Il la jugeait contre-productive et lui opposait des valeurs de convivialité et de bonheur partagé[58].

---

[57] George Orwell, *Nineteen Eighty-Four*, *op. cit.*
[58] Ivan Illich, *Tools for Conviviality,* 1973, *La Convivialité*, Seuil, 1973.

Le mouvement de la décroissance est celui qui formule les critiques les plus radicales à son égard, en lui reprochant de créer de faux besoins et de susciter des achats compulsifs par des méthodes de vente agressives[59]. Selon ses partisans, les activités humaines ne peuvent que dégrader l'environnement et entraîner une croissance inéluctable de l'entropie, comme l'affirmait l'économiste Georgescu-Roegen[60].
Suivant un tel constat, réduire la quantité de biens consommés constitue ainsi le principal moyen pour limiter l'impact des activités humaines sur l'environnement. Le temps libre dégagé du fait d'une moindre production de biens peut alors servir à améliorer la qualité de vie.

Toutefois, pour certains, de tels aménagements restent insuffisants. L'idée d'un effondrement inévitable est de plus en plus répandue. Le mouvement de la *collapsologie*, qui s'est formé à la suite du succès rencontré par l'ouvrage de Jared Diamond (dont le titre en anglais, *Collapse*, a donné son nom au mouvement[61]), suivi par celui de Pablo Servigne et Raphaël

---

[59] Vincent Cheynet, *Le choc de la décroissance* – L'Histoire immédiate, Seuil, 2008.
[60] Nicholas Georgescu-Roegen, *La décroissance – Entropie, écologie, économie*, 1979, Les Éditions Sang de la Terre, 2ᵉ édition, 1995.
[61] Jared Diamond, *Collapse – How Societies Choose to Fail or Succeed*, *op. cit.*

Stevens[62], a acquis dès à présent une large audience. Pour ceux qui adhèrent à cette vision, la meilleure façon d'anticiper l'effondrement à venir pour s'en prémunir consiste à devenir aussi autonome que possible.

Les mouvements *altermondialistes* s'opposent à la logique néolibérale et à la mondialisation dans sa conception actuelle. Ils manifestent leurs convictions à l'occasion des grandes réunions internationales du G8, du G20 ou de l'OMC.
Ce sont ces rassemblements, retransmis dans les médias, et notamment celui qui a été organisé à l'occasion du sommet de l'OMC à Seattle en 1999, qui ont fait connaître le mouvement altermondialiste à un large public.

Formée d'une nébuleuse d'organisations et associations de tendances diverses, marxistes, anarchistes ou écologistes, réunies par une volonté commune de contester le système établi, la faiblesse de ce mouvement est de ne pas disposer de plateforme commune supportant un projet alternatif structuré et cohérent. À l'origine, les institutions financières internationales (OMC, FMI, Banque mondiale) constituaient la cible principale. L'objectif premier de l'association

---

[62] Pablo Servigne, Raphaël Stevens, *Comment tout peut s'effondrer : Petit manuel de collapsologie à l'usage des générations présentes*, Éditions du Seuil, avril 2015.

ATTAC, créée en France en 1998, était de promouvoir la taxe sur les transactions financières proposée par l'économiste James Tobin[63].

Les revendications se sont rapidement étendues à l'ensemble des droits économiques, sociaux et culturels des peuples. Les critiques portent avant tout sur la façon selon laquelle la mondialisation est organisée à l'heure actuelle. Tout en dénonçant les dysfonctionnements du système économique, les mouvements altermondialistes affirment « qu'un autre monde est possible ». Ils n'acceptent pas que l'économie et les échanges mondiaux soient confiés à un Marché dominé par la finance et réclament la mise en place d'un système alternatif, privilégiant les valeurs de solidarité et de préservation de l'environnement.

Les mouvements qui militent pour une organisation alternative de la société espèrent un changement de paradigme prochain, qui conduirait à un basculement des valeurs. Toutefois, les évolutions culturelles se sont effectuées jusqu'à présent de façon beaucoup plus progressive que les transformations techniques.

Le passage au paradigme attendu est cependant peut-être déjà amorcé. Dès le début des années 2000, l'économie américaine était à plus de 70 % une économie de l'information et de la connaissance[64]. Au

---

[63] ATTAC signifie *Association pour la Taxation des Transactions financières et l'Aide aux Citoyens.*

[64] Thomas A. Stewart, *The Wealth of Knowledge: Intellectual Capital and the Twenty-First Century Organisation*, Nicolas Bradley, 2002.

printemps 2007, plus de 40 % de l'économie européenne se situait dans l'immatériel[65]. Toutefois, cette évolution est due en grande partie à une délocalisation de nombreuses activités industrielles en Chine ou dans d'autres pays émergents. Elle ne témoigne pas forcément d'un basculement des mentalités.

Un changement radical reste peu probable dans un avenir immédiat. Face à la recherche du profit et au désir de pouvoir, le modèle alternatif d'une société du sens pourrait même sembler utopique.
Il serait sans doute vain d'espérer un Grand soir, instaurant la primauté de l'intérêt général et l'abandon des privilèges dont disposent les puissants. De même, il paraît douteux qu'une majorité de la population puisse se rallier spontanément aux principes de la simplicité volontaire.

Et pourtant... L'histoire de l'humanité témoigne de changements considérables qui ont été opérés à chaque époque. D'autres se produiront lorsque la volonté de transformation sera acceptée par les instances dirigeantes.

De nombreux citoyens ont déjà changé de valeurs en silence, en se sentant davantage concernés par l'écologie, la solidarité sociale, le dialogue des cultures, une

---

[65] Work Foundation, *The Knowledge Economy in Europe*, a report prepared for the 2007 EU Spring Council.

économie contributive, les valeurs intérieures. L'aspiration à un nouveau mode de vie est perceptible.

Il reste alors à transformer en profondeur un système qui s'est imposé à l'échelle planétaire. Ce ne sera pas une tâche facile, mais néanmoins à la portée d'une humanité dotée de conscience et de bonne volonté.

2 - Crises et menaces

La croissance des inégalités

La globalisation a entraîné avec elle un accroissement des inégalités. La concentration de la richesse s'est fortement accrue dans le monde. Ainsi, moins de 1 % de la population possède un patrimoine qui dépasse celui des 99 % restants. Ces inégalités s'aggravent rapidement. Tandis qu'en 2010, le nombre de personnes détenant ensemble autant de richesse que la moitié de la population mondiale la plus pauvre s'élevait à 388, en 2016, il n'en fallait plus que 8 pour réaliser le même score[66].

La montée des inégalités tend à s'accélérer à travers le monde. Ce phénomène a été analysé par différents économistes, comme Anthony Atkinson[67] ou encore Jean-Hervé Lorenzi[68]. Pour Thomas Piketty, cette situation est une conséquence inexorable de l'évolution du capitalisme, en l'absence de mesures correctives suffisamment énergiques[69].

---

[66] OXFAM, *Une économie au service des 99 %*, janvier 2017.
[67] Anthony B. Atkinson, *Inequality – What can be done*, 2015, *Inégalités*, Seuil, 2016.
[68] Jean-Hervé Lorenzi, Mickaël Berrebi, *Un monde de violences – L'économie mondiale 2015-2030*, Eyrolles, 2014.
[69] Thomas Piketty, *Le capital au 21e siècle*, Paris, Seuil, 2013.

Outre l'injustice sociale qu'elles représentent, ces inégalités constituent également un danger pour la démocratie, car elles confèrent aux plus riches un pouvoir démesuré, en mettant à leur disposition tous les leviers de commande.

Disposant de puissants moyens financiers, la supra-société est en mesure d'orienter les marchés en fonction de ses intérêts. À travers les journaux, les chaînes de télévision et les agences de publicité en sa possession, elle détient un pouvoir d'influence dont elle se sert pour obtenir les mesures qui lui conviennent. Elle oriente les décisions des responsables politiques en finançant les campagnes électorales et en intervenant dans l'élaboration des lois par des actions intenses de *lobbying*.

La montée des inégalités conduit à un élargissement des fractures sociales et à une érosion progressive de la classe moyenne avec laquelle, au lendemain de la Seconde Guerre mondiale, la majeure partie de la population des pays développés semblait en voie de se confondre[70].

De larges catégories de la population sont entrées dans une spirale de déclassement, qui concerne l'ensemble des pays occidentaux et notamment la France, entraînant un ressentiment général, qui s'est notamment manifesté à travers la révolte des gilets jaunes[71].

---

[70] OCDE, *Sous pression : la classe moyenne en perte de vitesse*, 2019.
[71] Louis Chauvel, *La spirale du déclassement – Essai sur la société des illusions,* Le Seuil, 2016.

Ce mouvement a traduit le mécontentement d'une large fraction de la population qui, étant vulnérable, se sent confrontée à des difficultés croissantes, à la différence de ceux qui maîtrisent les nouveaux codes de la globalisation et sont peu soumis aux aléas économiques de leur lieu de résidence.

Cette partie de la population a le sentiment que les décisions économiques et politiques les plus importantes concernant son destin lui échappent. Les frustrations qui en résultent se traduisent par de nombreuses manifestations de colère et de révolte, à travers lesquelles les peuples tentent de se faire entendre. En l'absence d'une réponse adéquate, les tensions s'exacerbent et dégénèrent dans une violence civile.

Bulles et crises financières

En facilitant des transactions instantanées et pratiquement sans frais, les progrès des technologies numériques ont favorisé les mouvements spéculatifs. La concurrence entre les différentes places financières a découragé toutes les tentatives d'imposer une réglementation et d'instaurer une fiscalité sur les transactions financières. Il est ainsi devenu beaucoup plus facile de s'enrichir par la spéculation que par la création d'entreprises.

Contrairement à l'investisseur, le spéculateur profite de l'instabilité des marchés. La volatilité des cours de la Bourse lui permet de réaliser des profits considérables, en exploitant au bon moment les écarts enregistrés sur ces valeurs.

Ceux qui anticipent ces variations sont donc beaucoup plus sensibles aux fluctuations des titres qu'à la valeur intrinsèque des biens qui leur correspondent. Les profits ainsi réalisés ne proviennent pas d'une création effective de valeur, mais sont détournés de l'économie réelle.

À la différence du capitaliste entrepreneur, le spéculateur financier n'est lié par aucun intérêt direct à l'entreprise et aux salariés qu'elle emploie. L'instabilité de l'économie et la volatilité des cours lui sont profitables, car elles génèrent des opportunités qui lui permettent de s'enrichir économiquement.

En outre, pour éviter des clivages avec l'actionnariat financier, le dirigeant d'entreprise est souvent rémunéré par des *stock-options*. Les intérêts financiers priment alors dans ses décisions sur l'intérêt à long terme de l'entreprise qu'il dirige.

Il est clair qu'une telle situation n'est ni durable ni socialement acceptable. Les nations qui ont fondé leur économie sur la finance ont accru le risque d'instabilité, amplifié par l'introduction des produits financiers dérivés, censés être innovants et performants, mais dont le fonctionnement est devenu de plus en plus volatil, opaque et imprévisible.

Des outils financiers destinés en principe à d'autres usages ont été détournés à des fins de spéculation. Ainsi, les *hedge funds*, comportant des options d'achat ou de vente à terme, ont favorisé les mouvements spéculatifs et contribué à accroître l'instabilité du système, alors qu'ils étaient censés couvrir les facteurs de risque.

Des produits financiers complexes « dérivés » ont été introduits à partir de modèles mathématiques, tels que celui qui avait été proposé par Black et Scholes[72]. Il s'est avéré toutefois que ces modèles ne prenaient pas en compte des évènements peu probables, mais dont l'impact est important, les fameux « cygnes noirs[73] », dont parle Nassim Taleb[74].

La plupart des produits dérivés, destinés en principe à couvrir les risques d'un marché à terme, sont devenus les outils préférés pour mener des opérations spéculatives. Le volume total de ces produits dérivés s'est élevé à 10 fois le PIB mondial en 2015[75]. Les pratiques spéculatives amplifient la volatilité des valeurs financières. Ainsi, chaque marché émergent génère aux États-Unis des bulles successives. Les bulles fi-

---

[72] Black Fischer et Myron Scholes, *The Pricing of Options and Corporate Liabilities*, *Journal of Political Economy*, vol.81, p. 637-54, 1973.
[73] Un « cygne noir » représente un évènement dont on est prêt à nier l'existence tant qu'on ne l'a pas observé.
[74] Nassim, Nicholas Taleb, *The Black Swan. The Impact of the Highly Improbable*, 2007, *Le cygne noir*, Les Belles Lettres, Paris, 2008.
[75] Jean François Gayraud, *L'Art de la guerre financière*, *op. cit.*

nancières suscitées par l'espoir d'un gain rapide grossissent démesurément, puis éclatent en ruinant les investisseurs les moins retors. Les acteurs les plus puissants qui sont capables de manipuler habilement ces mouvements parviennent à réaliser de gros profits, en investissant au moment de la montée de la bulle, puis en se retirant à temps avant qu'elle n'éclate. La situation a été encore aggravée par les délits d'initiés et les scandales de corruption.

Une telle « économie casino » est devenue une pratique courante des banques, qui cherchent ainsi à augmenter rapidement leur niveau de profit. Toutefois, lorsque les banques menacent de faire faillite à la suite d'opérations qui ont mal tourné, elles sont en général secourues par les pouvoirs publics et recapitalisées, suivant l'argument du « *too big to fail* », selon lequel leur faillite mettrait en danger l'ensemble de l'économie.

Le détournement du progrès technique

Le progrès technique présente un bilan qui peut sembler très positif à bien des égards. Il ouvre également des perspectives séduisantes de bien-être et d'allongement de la durée de vie. Pourtant, en dépit de toutes les promesses qu'elle fait miroiter, la technologie ne recueille aujourd'hui que des réactions mitigées.

Les technophiles, notamment aux États-Unis, continuent à affirmer qu'elle va mener l'humanité vers un monde meilleur. Certains estiment même que l'accélération du progrès pourrait entraîner une *Singularité* dans l'évolution du monde, la faisant diverger totalement au-delà de toutes les limites concevables. L'idée de Singularité, introduite initialement par le mathématicien Vernor Vinge, a été surtout diffusée par l'informaticien Ray Kurzweil, qui a prévu son apparition vers 2045[76]. L'accroissement de plus en plus rapide dans les performances des microprocesseurs déboucherait ainsi sur un progrès quasiment illimité de l'intelligence artificielle.

Cependant, dans une grande partie de l'opinion, tout particulièrement en Europe, la technologie suscite au contraire des craintes grandissantes, liées aux risques réels ou supposés qui lui sont imputés.
L'expédition Apollo 11, au cours de laquelle des hommes se sont posés sur la Lune le 20 juillet 1969, est souvent considérée comme l'aboutissement le plus spectaculaire des progrès scientifiques et techniques de l'humanité. Pourtant, elle soulève à présent la question dérangeante de son utilité réelle, au regard des sommes investies et des risques encourus. Au-delà de ce premier objectif, l'intérêt d'envoyer l'homme sur Mars, plutôt que des robots, paraît douteux, et l'idée que l'espèce humaine pourrait être sauvée en allant coloniser d'autres planètes relève d'une utopie sans doute dépassée, voire même dangereuse, du moins dans un proche avenir.

---

[76] Ray Kurzweil, *The Singularity is Near – When Humans Transcend Biology*, Penguin Books, 2005.

L'évolution de la technologie semble de plus en plus difficile à maîtriser. L'homme a libéré des moyens si puissants qu'il se découvre dans le rôle d'un apprenti sorcier incapable de contrôler ses propres inventions. La complexité de l'univers technique est devenue telle qu'il devient difficile d'imaginer toutes les conséquences résultant de l'introduction d'une nouvelle technologie.

Le développement d'armes de destruction massive, capables d'anéantir l'humanité, a montré que les risques liés à certaines découvertes scientifiques ou techniques sont bien réels.
Les interrogations sont nombreuses également dans le domaine de la biologie. De délicates questions éthiques se posent dans le secteur biomédical. La libération accidentelle d'un virus mutant pourrait conduire à l'extinction de l'espèce humaine. La liberté du savant, qui constituait un ingrédient indispensable du progrès scientifique et technique, devient problématique. Certaines recherches sont incompatibles avec les exigences éthiques.

Les polémiques concernant les risques encourus contribuent à freiner sérieusement et parfois même à arrêter le développement de certaines technologies.
Les débats autour du nucléaire et des OGM sont largement retransmis par les médias, mais en fait, peu de technologies échappent totalement à ces craintes. Il en résulte des positions souvent tranchées d'accep-

tation ou de refus, qui ne facilitent pas une évaluation sereine du bilan comparatif des avantages et des inconvénients que représente l'introduction d'une innovation technique.

La volonté de dominer la nature, qui sous-tendait le projet de développement technique, se heurte à présent aux limites d'un monde qui devient trop restreint pour supporter l'exploitation de ses ressources à un rythme toujours croissant. Le réchauffement climatique représente sans doute la manifestation la plus marquante à l'heure actuelle des problèmes que pose la consommation de matières premières et d'énergie.

Enfin, les nouvelles technologies numériques ont favorisé l'apparition d'un capitalisme financier, qui s'avère particulièrement pernicieux. Dans le passé, en dépit de toutes les critiques émises à l'égard du capitalisme sur le plan social, son rôle dans le développement économique était généralement admis. L'évolution récente vers un capitalisme financier a conduit au contraire à un doute croissant concernant sa capacité à créer de la valeur réelle.
Le progrès technologique a ainsi facilité la crise économique et financière, dans laquelle se trouve plongé aujourd'hui le monde occidental, malgré les nouvelles réglementations censées préserver les libertés individuelles et protéger les données personnelles.

Les tensions dans le monde

Tout au long de la guerre froide, la menace d'une Troisième Guerre mondiale était présente, mais paraissait inimaginable, en raison des risques de destruction mutuelle encourus. La fin de la guerre froide laissait même espérer l'ouverture d'une période de détente et de paix durable entre les grandes nations.

Cet espoir a été, hélas, déçu. En effet, après une brève période de détente, les hostilités envers la Russie ont repris, lorsque celle-ci a tenté de reprendre une certaine autonomie.
Ronald Reagan avait été le premier à parler d'*Empire du mal* pour désigner l'Union soviétique. Après l'attentat du 11 septembre 2001, l'administration Bush s'est engagée dans une croisade contre l'*Axe du mal*, qui regroupait les organisations considérées comme terroristes, mais pouvait également inclure des États considérés comme des *États voyous*.
Toute opération militaire menée dans le but de lutter contre cet Axe du mal se transformait, dès lors, en guerre humanitaire, pour la défense de la démocratie et de la civilisation. La torture, l'élimination arbitraire d'individus ou l'emprisonnement sans jugement faisaient partie des méthodes admises de lutte contre les représentants de l'Axe du Mal.

Ce discours manichéen a certes été adouci au cours de la période gérée par l'administration Obama, mais la politique suivie n'a que peu changé et la rhétorique présentant les interventions militaires comme des guerres humanitaires, menées contre des terroristes ou des États voyous, a été maintenue. Sous l'administration Trump, le secrétaire d'État Mike Pompeo a repris un discours volontiers violent et menaçant. Le retour à une administration démocrate devrait marquer des progrès sur le plan de la préservation de l'environnement, mais il n'est pas évident que la politique internationale va s'en trouver profondément modifiée.

La notion de *droit d'ingérence*, sous couvert des droits de l'Homme ou de la démocratie, permet de justifier des interventions militaires en dehors de tout acte de belligérance de la part du pays visé.
L'opinion américaine reste peu favorable à la guerre, mais, depuis l'époque où de grandes manifestations étaient organisées contre la guerre au Vietnam, différents facteurs ont contribué à affaiblir les mouvements pacifistes. La guerre est à présent confiée à des militaires professionnels ou des mercenaires, ce qui permet d'éviter l'opposition des associations d'étudiants.

La concentration des médias limite l'expression d'opinions indépendantes. La manipulation de l'information, devenue courante, permet d'influencer l'opinion. Des médias classés comme « libéraux », tels que le *Washington Post*, détenu par Jeff Bezos, le patron d'Amazon, ou le *New York Times*, se sont beaucoup rapprochés des positions défendues par les néoconservateurs.

La montée rapide des tensions entre les États-Unis et la Chine représente un risque supplémentaire d'escalade militaire. Le concept de guerre préventive fait son chemin.
Il a été évoqué à ce sujet le piège de Thucydide[77]. La guerre du Péloponnèse aurait éclaté du fait que Sparte observait avec inquiétude la montée de la puissance d'Athènes et avait décidé d'intervenir militairement avant qu'il ne soit trop tard. En suivant cette comparaison, les États-Unis pourraient être tentés de briser la puissance de la Chine avant que celle-ci ne devienne dominante.

Dans un tel contexte, le scénario d'une Troisième Guerre mondiale ne peut plus être définitivement écarté, à présent. Dans ce cas, il sera sans doute difficile d'éviter le recours à des armes nucléaires.
Un conflit mondial pourrait s'engager de manière soudaine et irréversible, comme au moment de la Guerre de 14-18. Même en l'absence d'une volonté délibérée d'initier un tel processus, le risque d'un dérapage fatal qui résulterait d'erreurs d'appréciation demeure élevé.

---

[77] Graham Allison, *Destined for War*, 2017, *Vers la guerre. L'Amérique et la Chine dans le piège de Thucydide ?* Odile Jacob, 2019.

Les pays occidentaux portent une lourde responsabilité dans l'aggravation des tensions mondiales, qui est largement liée à la volonté de pouvoir d'une oligarchie politique et financière pour laquelle les troubles provoqués représentent des opportunités plus attrayantes que la paix intérieure.

La menace nucléaire

De façon paradoxale, la menace d'une guerre nucléaire a contribué à assurer une longue période de paix, en établissant un *équilibre de la terreur* au cours de la guerre froide entre l'Est et l'Ouest, en raison des risques de destruction mutuelle. La dissuasion nucléaire ou doctrine MAD (*Mutually Assured Destruction*), dont l'acronyme *mad* signifie « fou » en anglais, a été fondée sur ce principe. C'est aussi sur ce principe de dissuasion nucléaire que le général de Gaulle s'était appuyé pour créer la force de dissuasion nucléaire française. Lorsqu'elle a été instaurée, sa fonction purement défensive lui conférait comme mission d'assurer la paix, en dissuadant un quelconque agresseur d'intervenir.

La puissance d'une bombe thermonucléaire à fusion, équivalente à celle de 500 à 2 500 bombes d'Hiroshima, est difficile à imaginer. L'usage effectif d'une telle arme sur des centres habités aurait un effet véritablement apocalyptique de destruction totale.

Depuis la chute de l'ex-URSS et la fin de la guerre froide, cette menace semblait s'être éloignée, mais aujourd'hui, elle s'est progressivement banalisée, avec l'idée d'une guerre nucléaire « limitée ».

Une telle guerre pourrait être menée en ayant recours aux armes nucléaires dites *tactiques*. Leur puissance, qui est inférieure à celle des armes dites stratégiques, peut atteindre néanmoins plusieurs fois celle des bombes d'Hiroshima et Nagasaki. Déployées sous forme d'ogives miniaturisées (*mini-nukes*), elles sont embarquées sur des missiles à courte portée, des sous-marins nucléaires ou sur des bombardiers *furtifs*[78]. Un missile peut embarquer plusieurs têtes nucléaires visant des objectifs différents. Contrairement aux armes de dissuasion, les armes nucléaires tactiques ont une vocation d'attaque. Leur miniaturisation permet de les embarquer sur les mêmes missiles que les bombes classiques, introduisant ainsi un facteur d'incertitude. L'installation de nouvelles bases de lancement de missiles, y compris celles qui font partie du bouclier antimissile de l'OTAN en Europe de l'Est et en Corée du Sud, accroît le niveau de risque.

Tapis au fond des océans, les sous-marins nucléaires lanceurs d'engins sont porteurs d'une menace indétectable. Chacun d'entre eux est équipé d'une vingtaine de missiles, eux-mêmes munis de plusieurs têtes nucléaires.

---

[78] Un bombardier « furtif » est conçu de façon à être peu détectable par les radars.

Les armes nucléaires tactiques sapent le principe de la dissuasion. Elles sont réputées n'avoir qu'une portée locale, ce qui abaisse la barrière psychologique à franchir pour les utiliser, tout en entraînant un risque d'escalade très élevé. Jusqu'à présent, il a été possible d'éviter une pareille situation. Toutefois, la question se pose de savoir s'il en sera de même dans l'avenir. Il suffirait d'une mauvaise appréciation des risques encourus par les protagonistes d'un conflit pour enclencher le mécanisme fatal d'autodestruction de la civilisation actuelle ou même de l'humanité tout entière. L'arme nucléaire rend plausible un suicide collectif qui serait provoqué par des dirigeants sans scrupule.

Suivant la doctrine NUTS, pour *Nuclear Utilization Target Selection*, qui fait allusion au terme *nuts* (« cinglé » en anglais), il serait possible de mener une guerre nucléaire limitée, en combinant l'usage d'un bouclier antimissile avec des frappes suffisamment précises, pour empêcher toute possibilité de seconde frappe en retour.

Le choix qu'ont fait les États-Unis d'abandonner la doctrine MAD n'est pas récent, puisque le tournant a été engagé à partir des années 80. C'est à présent toutefois qu'il commence à connaître un début de réalisation effective à grande échelle.

Le passage de MAD à NUTS substitue au principe de parité sur lequel repose la logique de dissuasion, une logique offensive. Cette nouvelle situation a relancé la course aux armements, du fait que la dissuasion ne peut plus opérer de manière effective. Ce changement est en ligne avec la volonté de substituer à la relation de parité une relation de domination[79].

L'adoption de la doctrine NUTS rend le mécanisme de la dissuasion beaucoup moins efficace qu'il ne l'était auparavant. La possibilité de bénéficier d'un avantage décisif en usant d'une « première frappe » fait courir au monde un danger d'autant plus grand que les délais d'intervention sont devenus très courts. Dans le cas d'une guerre menée entre deux puissances nucléaires, il semble difficile d'éviter une escalade ultra rapide dans l'usage des moyens de destruction employés.

La nouvelle course aux armements qui s'est déclenchée est extrêmement dangereuse. Le risque ne provient plus vraiment d'une augmentation de la puissance de destruction des armes employées, car une seule bombe thermonucléaire suffirait pour détruire un pays comme la France. L'arsenal nucléaire existant est largement suffisant pour détruire la planète.

La principale menace provient actuellement des missiles porteurs de l'arme nucléaire. La multiplication des bases de missiles et l'accroissement continuel de leurs performances rendent la situation de plus en plus instable et dangereuse.

---

[79] Amadae S.M., *Prisoners of Reason – Game Theory and Neoliberal Political Economy*, Cambridge University Press, 2015.

La Russie affirme détenir des planeurs hypersoniques, capables de changer de trajectoire et ainsi pouvoir déjouer les missiles antimissiles, tandis que la trajectoire des missiles balistiques est assignée par les conditions de lancement. La vitesse atteinte par les missiles hypersoniques, en raccourcissant encore le temps nécessaire pour atteindre la cible visée, rend pratiquement impossible tout dialogue entre les parties prenantes si un tir est enclenché. La Chine et les États-Unis se sont engagés sur la même voie.

En outre, les différents traités qui avaient été signés durant la guerre froide ont été progressivement détricotés[80], alors qu'il aurait fallu faire exactement l'inverse en veillant à renforcer la sécurité de l'ensemble des pays vis-à-vis de la menace nucléaire.

Le principe de la dissuasion avait rendu un conflit nucléaire fort improbable, sauf en cas d'erreur manifeste. Une telle erreur a pu être évitée, car tous les responsables étaient hautement conscients des conséquences irréparables qui en résulteraient, mais la menace, qui semblait s'être évanouie après la chute de l'URSS, est à présent réapparue.

Une guerre nucléaire conduirait sans doute à la disparition complète de la civilisation actuelle.

---

[80] Notamment avec les retraits successifs des États-Unis du traité sur les missiles antibalistiques (ABM) en 2002, puis du traité sur les forces nucléaires à portée intermédiaire (FNI) en août 2019.

La crise écologique

Les aspirations à une meilleure préservation de l'environnement et de la nature se heurtent à la logique du système économique qui pénalise toutes les tentatives pour y parvenir.
Il en résulte une politique souvent confuse et peu efficace, visant à préserver les bénéfices économiques, tout en affichant la volonté de défendre l'environnement. Dans ce contexte, les paroles tendent à l'emporter sur les actes.

Selon la logique économique qui prévaut à l'heure actuelle, la préservation de l'environnement n'a de place que si elle représente un marché. Une telle conception, qui ne tient pas compte de l'intérêt général, va conduire inévitablement à l'épuisement des ressources non renouvelables et à une dégradation irrémédiable de l'environnement.
Il devient de plus en plus difficile de satisfaire l'accroissement continu de la demande en ressources naturelles. Cette situation affecte non seulement les ressources minérales ou énergétiques, mais aussi un certain nombre de biens essentiels, tels que les denrées alimentaires ou l'eau douce.

La notion d'empreinte écologique aide à chiffrer la pression que les êtres humains exercent sur l'environnement. Elle représente, pour un individu, la surface de terre et de mer biologiquement productive, nécessaire, en moyenne, pour produire les ressources qu'il consomme et pour absorber les déchets qu'il rejette. Elle varie considérablement selon les pays. En 2020, elle s'élève à 0,9 ha au Bangladesh, à 4,6 ha en France et à 8,2 ha aux États-Unis[81].

Cette production de déchets est à comparer à la capacité de la Terre de les absorber et de régénérer les ressources. Pour couvrir tous les besoins de manière durable, il faudrait, dès à présent, mobiliser 1,7 fois la surface disponible sur la Terre. Si l'empreinte écologique de chaque habitant de la planète était équivalente à celle d'un Français, il faudrait disposer de 3,2 planètes, et dans le cas d'un Américain, il en faudrait 5.

Effectué à partir des capacités actuelles de régénération des bioressources, le calcul de l'empreinte écologique ne prend pas en compte le recours à des technologies alternatives, plus respectueuses de l'environnement[82]. Il montre toutefois que l'extension à l'ensemble de la planète du mode de vie actuel des pays occidentaux serait inacceptable pour l'environnement.

Le rejet dans l'environnement de déchets et d'émissions de toutes sortes conduit à une pollution généralisée de l'air, de la mer et des cours d'eau. La pollution, qui était locale, tend à devenir globale et

---

[81] Ecological Footprint Network, 2020.
[82] Commissariat Général au Développement Durable – Service de l'observation et des statistiques, Études & documents, *Une expertise de l'empreinte écologique*, n° 16, janvier 2010.

s'étend à l'échelle de la planète. Le réchauffement climatique causé par les émissions de gaz à effet de serre dans l'atmosphère constitue à présent le problème le plus préoccupant.

La dégradation de l'environnement conduit à une chute dramatique de la biodiversité et met en péril la fourniture d'aliments pour l'ensemble de la population humaine.
Cette situation n'est pas spécifique au capitalisme, car les pays pratiquant un capitalisme libéral disposent jusqu'à présent d'un bilan environnemental meilleur que celui des pays à économie dirigée, tels que l'URSS dans le passé ou la Chine à présent.
Il paraît clair toutefois que l'introduction de l'idéologie néolibérale a marqué une rupture. C'est ainsi que les États-Unis, qui occupaient une position de premier plan dans le domaine de la préservation de l'environnement depuis la création en 1970 de l'*Environmental Protection Agency* (*EPA*), sont devenus peu actifs sur ce plan, comme on a pu l'observer au cours de toutes les négociations internationales concernant le réchauffement climatique. Cette situation, qui s'est sensiblement aggravée avec l'arrivée au pouvoir de Donald Trump, devrait toutefois bénéficier du retour de l'administration démocrate.

La déforestation, qui progresse constamment dans le monde et tout particulièrement dans les pays en voie de développement, constitue l'un des principaux facteurs à l'origine de la perte de biodiversité. Malgré une tendance à la reforestation dans les pays développés, la superficie totale de forêts dans le monde ne cesse de régresser.

Au Brésil, après une période au cours de laquelle le rythme de déforestation en Amazonie a baissé, la forêt est à nouveau gravement menacée par le lobby agricole qui cherche à lever les restrictions au défrichement dans les zones bénéficiant actuellement du statut de réserve naturelle. L'arrivée au pouvoir de Jair Bolsonaro a fortement accru le niveau des menaces.

L'extension inexorable des activités humaines et de l'urbanisation fait chuter la biodiversité, mettant en péril l'ensemble de la biosphère. Des écosystèmes qui bénéficient d'un niveau de biodiversité très élevé, tels que les forêts tropicales et les récifs coralliens, sont aujourd'hui fortement menacés.

Le Brésil, notamment, abrite un cinquième de la biodiversité mondiale, avec 50 000 espèces de plantes et 10 à 15 millions d'espèces d'insectes. Les écosystèmes constitués par les forêts tropicales, les mangroves ou les récifs coralliens s'avèrent particulièrement fragiles et leur disparition est le plus souvent irréversible.

La pêche industrielle dépeuple les océans. Des espèces de poissons jadis très courantes comme le hareng tendent à disparaître, ce qui conduit à pêcher à grande profondeur d'eau des poissons plus rares, dont l'extinction risque d'être très rapide.

Une fraction croissante du nombre d'espèces animales et végétales a disparu, dont 25 % des espèces de mammifères[83]. D'après un rapport de l'organisation WWF, entre 1970 et 2016, les populations de vertébrés sauvages ont décliné en moyenne de 68 %[84]. Cette situation a été qualifiée de sixième grande extinction, cinq grandes extinctions ayant été dénombrées durant les temps géologiques, dont la dernière, celle qui a entraîné la fin des dinosaures, est intervenue il y a 65 millions d'années[85].

L'agriculture et l'élevage intensifs privilégient certaines espèces, considérées comme les plus productives, aux dépens de la biodiversité et de la qualité de l'alimentation humaine.

La destruction de la biodiversité fragilise les écosystèmes, mais réduit aussi l'étendue des ressources disponibles dans l'avenir, que ce soit en termes de produits pharmaceutiques, de variétés d'aliments ou de dérivés chimiques. En cas d'effondrement de la biodiversité, la survie de l'espèce humaine est en péril.

---

[83] Jonathan E.M. Baillie, Janine Griffiths, Samuel T.Turvey, Jonathan Loh, Ben Collen, *Evolution Lost-Status and Trends of the World Vertebrates*, Zoological Society of London, United Kingdom, 2010.

[84] WWF, Rapport Planète vivante, 2020.

[85] Elizabeth Kolbert, *The 6th Extinction*, 2015, *La 6e extinction*, Vuibert, 2015.

La raréfaction des ressources naturelles

L'explosion démographique et la croissance du niveau de vie moyen des habitants de la planète entraînent un accroissement continu de la demande en ressources naturelles qui conduit à leur raréfaction progressive.

Tandis que dans le passé, la Terre apparaissait comme un réservoir illimité de biens qu'il suffit d'exploiter, elle est devenue un monde de « ressources rares », qu'il importe de préserver[86]. Au XIXe siècle, l'humain se sentait encore entouré par une nature immense et des ressources abondantes. C'est la situation inverse qui prévaut aujourd'hui[87].

Dans un monde fini, les ressources disponibles le sont également et ne peuvent être exploitées au-delà d'un certain point, sous peine d'être rapidement épuisées. Les stocks de ressources naturelles qui se sont constitués au cours des âges géologiques ne sont pas renouvelables. C'est le cas notamment des combustibles fossiles, pétrole, gaz naturel et charbon, mais aussi des minerais et des phosphates. Les nouvelles technologies dans les domaines du numérique, de la communication ou des énergies renouvelables réclament la mise en œuvre de terres

---

[86] Le Cercle des Économistes et Érik Orsenna, *Un monde de ressources rares*, Perrin/Descartes & Cie, 2007.
[87] Jean-Michel Severino, Olivier Ray, *Le Grand Basculement – La question sociale à l'échelle mondiale*, Odile Jacob, 2011.

rares et de métaux critiques, tels que le platine, le chrome, le lithium, le rhodium, le rhénium ou le néodyme, dont la disponibilité risque de devenir problématique, ce qui va entraîner des conflits, en raison du caractère stratégique de ces matériaux.

L'extraction mondiale de ressources naturelles a plus que triplé depuis 1970, atteignant environ 92 milliards de tonnes en 2019[88]. La croissance est particulièrement rapide dans le secteur des minerais métalliques, dont les quantités extraites sont passées de 5,8 milliards en 2000 à 11 milliards en 2020. Lors de l'extraction de ressources minérales, des quantités très importantes de matériaux, environ 2 tonnes par tonne de minerai métallique, sont déplacées sans être utilisées, mais avec un impact significatif sur l'environnement. Seulement 7 % environ des ressources utilisées se retrouvent dans le produit fini.

En raison de la croissance de la consommation de matières premières, le volume de déchets produits par l'industrie et les ménages croît constamment. La quantité de déchets produits dans le monde augmente avec le niveau de vie et le taux d'urbanisation. Elle devrait ainsi atteindre 2,6 milliards de tonnes en 2030[89]. Dans de nombreux pays en voie de dévelop-

---

[88] UN Environment Programme, *Global Resources Outlook*, 2019.
[89] Silpa Kaza, Lisa Yao, Perinaz Bhada-Tata, Franz Van Woerden, *What a Waste 2.0 – A Global Snapshot of Solid Waste Management to 2050*, World Bank Group, 2019.

pement, les déchets sont insuffisamment traités et une part significative de ces déchets n'est même pas collectée.

La plupart des déchets sont rejetés dans l'environnement, en mer ou à terre, après un traitement plus ou moins poussé, dans le but de limiter le rejet de déchets toxiques. Les décharges à ciel ouvert de déchets et d'ordures ménagères sont encore répandues. L'incinération de ces déchets produit de l'énergie, mais occasionne également l'émission de polluants dangereux tels que les dioxines, notamment dans le cas d'installations mal réglées ou anciennes.

Le recyclage représente la solution la plus satisfaisante. En 2016, 55 % des déchets de l'Union européenne ont été recyclés, ce taux variant entre 41 % pour les déchets électroniques et 89 % pour les déchets de construction et de démolition[90]. L'accroissement du niveau de recyclage concerne l'ensemble des matières premières. Sa généralisation conduit à la mise en place d'une « économie circulaire », qui permet de réduire la consommation de matières premières, tout en limitant les émissions de rejets et la pression sur l'environnement.

D'autres ressources essentielles sont également affectées. C'est en particulier le cas des ressources alimentaires et de la disponibilité en eau douce potable ou à usage sanitaire.

---

[90] Source : Eurostat, 2019.

L'accès à l'eau douce constitue certainement le premier besoin de toute société humaine. L'irrigation est devenue indispensable pour assurer la production agricole. Il faut consommer 1 200 litres d'eau pour produire un kilogramme de blé et 13 500 litres[91] pour un kilogramme de bœuf. L'industrie exige également des quantités d'eau très importantes, de l'ordre de 300 litres par kg d'acier.

Les ressources en eau sont en partie renouvelables, grâce aux apports en eau de pluie. Malheureusement, elles sont puisées à un rythme plus rapide que leur capacité de renouvellement. De nombreuses réserves souterraines d'eau potable ont été surexploitées et sont en voie d'épuisement.

Alors que la demande en eau croît constamment, la quantité d'eau disponible devrait tomber de 15 000 m^3 par an et par habitant au début du XXe siècle à 3 000 m^3 en 2030, le minimum vital étant estimé[92] à environ 1 800 m^3. Il s'agit là d'une moyenne mondiale, mais avec des disparités très importantes d'une région à une autre. Le réchauffement climatique risque d'aggraver sensiblement le problème dans de nombreuses régions.

Un recours accru au dessalement de l'eau de mer ou de l'eau saumâtre est nécessaire, mais les tech-

---

[91] Daniel Renaut, *Value of Virtual Water in Food: Principles and Virtues*, FAO, 2003.
[92] Rapport mondial des Nations Unies sur l'évaluation des ressources en eau, 2009.

nologies actuellement connues, gourmandes en investissements et en énergie, sont peu accessibles pour les pays les plus pauvres.

La demande alimentaire mondiale devrait progresser fortement dans les années à venir, en raison de la croissance de la démographie et d'une augmentation de la consommation moyenne par habitant. L'alimentation devient, en outre, de plus en plus riche en viande et en poisson en dépit de l'impact sur l'environnement.

La consommation de viande en France est d'environ 90 kg par an et par personne. Elle progresse rapidement dans des pays émergents comme la Chine, où elle est à présent globalement plus de deux fois supérieure à celle des États-Unis, même si la consommation par habitant reste plus faible. Or, il faut dépenser l'équivalent de 4 kg de céréales pour produire 1 kg de porc et de 8 kg de céréales pour 1 kg de bœuf.

L'élevage et l'aquaculture consomment une part croissante des cultures de base, qui ne sont plus disponibles pour l'alimentation humaine. Dès à présent, une part de 40 % environ de la production de céréales est destinée à nourrir les animaux d'élevage. Cette part devrait augmenter dans les années à venir, alors même que la croissance de la production risque de ralentir.

Il faut tout de même noter que la production mondiale de céréales a sensiblement progressé entre

2000 et 2020, passant d'environ 1,9 milliard de tonnes à près de 2,8 milliards[93].

La superficie de terres arables n'augmente pratiquement plus depuis 1970. Elle est restée d'environ 1,4 milliard d'hectares, malgré une augmentation de la superficie en Asie, qui a été compensée par une perte sensiblement équivalente en Europe. Il paraît possible de mobiliser une superficie supplémentaire de terres arables. En contrepartie, des pertes vont résulter de l'érosion et de l'affectation des sols vers d'autres usages. Le résultat net de l'évolution en cours reste difficile à prévoir. On pourrait observer soit une réduction globale de la superficie de terres arables, soit un gain limité.

De nouvelles surfaces agricoles ne seront disponibles qu'aux dépens des forêts, avec toutes les conséquences sur la biodiversité et l'environnement qui ont déjà été mentionnées. Le réchauffement climatique va encore aggraver le problème dans les années à venir, du fait de l'extension des zones touchées par la sécheresse, ainsi que de la disparition de zones rizicoles, résultant de la montée du niveau des mers.

La productivité, qui avait beaucoup progressé au cours de la « révolution verte », tend à plafonner. Les gains élevés de productivité observés dans le passé avaient été obtenus par l'utilisation du machinisme agricole, l'emploi d'engrais et de pesticides, ainsi que

---

[93] Source : FAO, 2020.

l'irrigation intensive. Dans l'avenir, l'accès à l'eau et à l'énergie va se restreindre, ce qui va limiter le recours à l'irrigation et au machinisme. Pour toutes ces raisons, il sera de plus en plus difficile de boucler le bilan alimentaire. Le nombre de personnes souffrant de malnutrition dans le monde s'est élevé à 825 millions en 2018, proche du niveau qui avait déjà été atteint en 1995[94].

Pour nourrir la planète, il va falloir améliorer la productivité agricole, tout en évitant les problèmes posés par l'agriculture intensive telle qu'elle s'est développée jusqu'à présent : pollution, risques sanitaires liés à l'usage de produits chimiques, appauvrissement et érosion des sols. Pour y parvenir, il s'agit de développer des techniques naturelles ou inspirées par la nature, sans pour autant exclure le recours à des méthodes plus conventionnelles. Il est indispensable de revoir les habitudes humaines.

Les pratiques de la « permaculture » visent à reproduire les mécanismes présents dans les écosystèmes, en misant sur la diversité et la complémentarité des espèces végétales et animales, de façon à exploiter au mieux les ressources disponibles, sans apport d'engrais ou de pesticides ni production de déchets[95].

---

[94] Rapport des Nations Unies sur l'état de la sécurité alimentaire et la nutrition dans le monde, 2019.
[95] Peter Bane, David Holmgreen, *The Permaculture Handbook: Garden Farming for Town and Country*, New Society Publishers, Canada, 2012.

Sortir de l'agriculture intensive en faisant appel aux principes d'une écoscience respectueuse de la biodiversité redonne au monde agricole un rôle essentiel dans la préservation de l'environnement et l'entretien des milieux naturels, tout en restituant leur beauté et leur variété aux paysages. Il importe toutefois d'agir avec pragmatisme, en tenant compte des retours d'expérience. Il reste à trouver le meilleur compromis entre contraintes écologiques et solutions technologiques.

Le réchauffement climatique

Le réchauffement climatique résulte de l'accumulation dans l'atmosphère de gaz à effet de serre émis par les activités humaines. Ces gaz, dont font partie le dioxyde de carbone (CO_2), le méthane et le protoxyde d'azote, arrêtent une partie du rayonnement infrarouge de la Terre et renvoient un flux thermique supplémentaire vers la surface du globe, en provoquant ainsi une augmentation de la température moyenne à la surface de la croûte terrestre.

Les émissions de dioxyde de carbone, qui contribuent pour 76 % à cet effet de serre, sont dues à l'utilisation des combustibles fossiles ainsi qu'aux incendies de forêt[96]. Les émissions de méthane proviennent en partie de l'exploitation du gaz natu-

---

[96] GIEC, 5ᵉ rapport de synthèse 2014, publié en 2015.

rel, mais aussi et surtout des activités agricoles. Le méthane est produit par les ruminants ainsi que par la fermentation dans un sol inondé, lors de la culture de riz. Le protoxyde d'azote est émis par les opérations de combustion, mais également par les sols cultivés, notamment en présence d'engrais azotés[97].

La teneur en CO_2 dans l'atmosphère a été, dans le passé, constamment corrélée à la température. Elle a suivi des oscillations périodiques liées aux grandes glaciations, mais se situe à présent en dehors de l'intervalle de variation dans lequel elle s'est maintenue durant plusieurs centaines de milliers d'années. Elle est ainsi passée de 270 ppm[98] en 1850 à 417 ppm en 2020[99].

L'élévation de la température moyenne à la surface de la Terre est estimée à environ 1 °C depuis le début de l'ère industrielle[100], entraînant d'ores et déjà des phénomènes préoccupants. On observe un recul généralisé des glaciers dans le monde, ainsi qu'une fonte des calottes glaciaires. La fonte partielle des glaciers pourrait avoir de graves conséquences pos-

---

[97] Martin Chantigny, *Émissions de protoxyde d'azote (N_2O) en agriculture, contribution des amendements organiques, des fertilisants minéraux et du labour*, 65ᵉ Congrès de l'Ordre des agronomes du Québec, 2002.
[98] ppm : parties par million (10^{-6}), désignant une fraction molaire (ou volumique).
[99] Teneur mesurée à l'observatoire de Mauna Loa à Hawaï.
[100] Organisation météorologique mondiale, d'après les données de 2017 et 2018.

sibles sur l'irrigation et la production de cultures alimentaires, notamment en Asie.

Le recul de la banquise arctique a ouvert de nouvelles voies de circulation maritime au nord de la Sibérie et du Canada, ce qui représente, dans un premier temps, un motif de satisfaction pour les pays concernés. À terme, les conséquences de ce processus de fonte de la banquise, qui semble s'accélérer, pour un ensemble de raisons encore incomplètement élucidées, pourraient s'avérer redoutables.

La montée régulière du niveau des mers, au rythme d'environ 3 mm par an, que l'on observe actuellement, résulte de la fonte des masses glaciaires continentales et de la dilatation thermique des masses d'eau océaniques. Elle pourrait entraîner à terme la disparition de territoires entiers. Les zones les plus vulnérables sont les îles comme les Maldives ou les zones basses, telles que le Bangladesh oriental. Le réchauffement climatique conduit également à la multiplication d'épisodes de sécheresse propices aux incendies de forêt et susceptibles d'intensifier les phénomènes de désertification.

Différents scénarios d'évolution du climat ont été établis par le Groupe intergouvernemental d'experts sur l'évolution du climat (GIEC). On estime que l'élévation de la température moyenne à l'échéance de 2100 ne devrait pas dépasser 2 °C afin d'éviter des conséquences potentiellement catastrophiques[101].

---

[101] L'accord établi suite à la COP 21 qui s'est tenue à Paris en 2015 mentionne une valeur de 1,5 °C à ne pas dépasser, mais cette limite paraît dores et déjà peu réaliste dans le contexte actuel.

Pour y parvenir, il faudrait que la teneur en gaz à effet de serre se stabilise à 450 ppm d'équivalent[102] CO_2, ce qui implique, au niveau mondial, de diviser les émissions de gaz à effet de serre d'ici 2050 par un facteur de l'ordre de 2 par rapport au niveau de l'an 2000. Compte tenu de la nécessité pour les pays en voie de développement d'améliorer leur niveau de vie, l'effort à prévoir pour les pays développés est encore plus important.

Pour le moment, loin de s'inscrire dans la perspective d'une division par deux d'ici 2050, les émissions de gaz à effet de serre au niveau mondial continuent à croître[103]. Ceci ne signifie pas pour autant qu'il faille relâcher les efforts, en considérant la partie comme perdue.
En effet, il reste à se prémunir du scénario résultant de la prolongation de la tendance actuelle, qui conduirait d'ici la fin du siècle, selon les scénarios du GIEC, à une élévation de la température moyenne comprise entre 2,6 et 4,8 °C[104]. Or un tel scénario n'est pas exclu. Par ailleurs, engager une évolution qui devra s'imposer est aussi un moyen de préparer l'avenir dans les meilleures conditions.

---

[102] Teneur en CO_2 entraînant une contribution équivalente à l'effet de serre correspondant à la teneur de chacun des gaz à effet de serre.
[103] Une baisse des émissions de CO_2 d'environ 10 % a toutefois été observée en 2020 en raison des effets de la pandémie, mais cette baisse risque d'être très momentanée.
[104] GIEC, 5ᵉ Rapport 2014, publié en 2015.

Limiter les émissions de gaz à effet de serre va demander des changements considérables, qui concernent l'ensemble de l'économie et pas seulement le secteur de l'énergie. Les mesures à prendre représentent des coûts importants qui devront être supportés par la collectivité. De ce fait, elles ne seront pas adoptées spontanément et un cadre réglementaire est requis pour les faire entrer en vigueur. Pourtant, les conséquences du réchauffement climatique risquent d'être beaucoup plus pénalisantes pour l'économie si les mesures nécessaires sont différées[105].

Les négociations sur un accord international visant à limiter les émissions de gaz à effet de serre ont été engagées dans le cadre des conférences annuelles des Nations Unies sur le Changement Climatique. Celle qui s'est tenue à Paris en 2015 a marqué une étape importante, car tous les pays présents ont confirmé leur volonté de réduire leurs émissions de gaz à effet de serre, mais leurs contributions restent volontaires, et même si elles sont effectivement réalisées, elles ne suffiront pas à atteindre les objectifs visés pour 2050.

Au cours des dernières années, les émissions de gaz à effet de serre ont continué à augmenter, et on peut craindre, dans ces conditions, que la fenêtre des 2 °C ne soit en train de s'éloigner. Au niveau mondial, la

---

[105] *Stern Review on the Economics of Climate Change*, HM Treasury, 2006.

transition vers une énergie décarbonée n'évolue que lentement, et à l'horizon 2050, plus de la moitié de l'énergie primaire consommée dans le monde sera sans doute encore d'origine fossile.

Cette situation préoccupante montre que la communauté internationale ne semble pas capable, pour le moment, de gérer une crise environnementale de cette ampleur. La marge de manœuvre d'un pays comme la France est limitée, car une évolution favorable de la situation dépend avant tout des décisions prises par les principaux pays émetteurs, c'est-à-dire en tout premier lieu la Chine et les États-Unis, qui à eux deux représentent pas loin de la moitié des émissions mondiales de CO_2 (45 % environ), alors que la France en émet moins de 1 %.

La transition énergétique vise à substituer aux combustibles fossiles des sources d'énergie alternatives non carbonées, afin de sécuriser la fourniture à long terme d'énergie, tout en réduisant les émissions de gaz à effet de serre.

Actuellement, les énergies fossiles[106] représentent un peu plus de 80 % de la fourniture d'énergie primaire. La transition énergétique va consister à réduire fortement cette part et à éliminer à terme les énergies fossiles. Même si on le déplore, elle risque toutefois de durer beaucoup plus longtemps qu'on ne l'imagine habituellement. Les prévisions actuelles et notamment celles de l'Agence Internationale de

---

[106] L'uranium contenu dans le sous-sol est considéré comme une ressource naturelle, mais pas comme une énergie fossile.

l'Énergie conduisent à situer la part d'énergie non fossile à moins de 50 % en 2050, au niveau mondial. Ces délais sont liés à la lourdeur des investissements et à la durée de vie des installations énergétiques telles que les centrales électriques, qui dépasse couramment quarante ans. Les énergies renouvelables, solaire et éolienne, ne sont pas modulables, ce qui représente une difficulté majeure pour en généraliser l'usage.

Étant donné le temps nécessaire pour achever la transition énergétique, il va être particulièrement important de réduire la consommation d'énergie dans les années à venir. Les économies d'énergie et la recherche d'une meilleure efficacité énergétique représentent les priorités les plus immédiates dans la mise en œuvre d'une transition énergétique.

L'explosion démographique

Sans opérer une transition démographique, il ne sera pas possible de stabiliser la consommation de ressources naturelles, tout en permettant aux pays en voie de développement d'accéder à une qualité et une hygiène de vie acceptables. Il est clair que les ressources finies de la planète ne sont pas compatibles avec une poursuite illimitée de l'explosion démographique.
Une population moins nombreuse, mais mieux nourrie et plus instruite pourra s'engager dans une voie

de progrès, permettant de concilier qualité de vie et protection de l'environnement.

En 1975, les prévisions démographiques faisaient état d'une population de 15 à 20 milliards d'habitants d'ici la fin du siècle. En fait, on a observé un ralentissement de la croissance démographique, dû à une baisse du taux de fécondité par femme, mais selon les dernières projections de l'ONU, la population mondiale devrait néanmoins atteindre 9,74 milliards d'habitants d'ici 2050 suivant un scénario moyen, et près de 11 milliards d'habitants d'ici la fin du siècle actuel[107].

Tandis qu'en Asie, le continent actuellement le plus peuplé, la population va sans doute passer par un maximum d'ici 2050 et décroître ensuite, en Afrique, où elle se situe à un milliard d'habitants aujourd'hui, elle devrait monter à plus de quatre milliards d'ici 2100.

La population de l'Europe est passée de 22 % de la population mondiale en 1950 à moins de 10 % à présent et devrait tomber à environ 5 % d'ici la fin du siècle.

Après avoir atteint un niveau d'environ 2 % par an dans les années 60, le taux d'accroissement de la population mondiale se situe actuellement à 1,1 %, marquant ainsi une tendance à la stabilisation de la population mondiale.

---

[107] ONU, *World Population prospects 2019*.

Cette évolution recouvre néanmoins des disparités importantes. En effet, alors que ce taux est à présent très faible, de l'ordre de 0,1 % dans les pays développés, il atteint 2,7 % en Afrique subsaharienne.

Il existe une forte corrélation entre niveau de pauvreté et taux de natalité. Les deux grands pays émergents, qui ont pratiqué une politique volontariste dans ce domaine (parfois abusive au regard des libertés publiques), l'Inde et la Chine, sont ceux qui ont progressé le plus vite dans la voie du développement.

L'augmentation très rapide de la population avant les années 60 résultait d'une chute du taux de mortalité, alors que le taux de natalité avait peu varié. Depuis, la baisse du taux de croissance de la population, qui est observée dans les pays développés, provient surtout d'une chute du taux de natalité. Elle coïncide avec l'introduction de la pilule contraceptive, qui est de mieux en mieux acceptée dans le monde, son usage étant corrélé au niveau d'instruction.

La question de la démographie reste sujette à débat, notamment dans le cas de l'Afrique. Pour certains, le simple fait de poser une telle question revient à s'opposer au droit légitime des Africains d'atteindre le niveau de population qu'ils souhaitent. Pour d'autres, compte tenu de la faible empreinte écologique de ceux qui vivent dans des pays en développement, il s'agit là d'un faux problème.

Pourtant, si l'on veut préserver la planète d'une destruction complète, tout en améliorant le niveau de vie de ses habitants, en particulier dans les pays les plus pauvres, il paraît souhaitable de freiner la croissance de la population mondiale. Dans toutes les régions du monde, il s'agit de concilier le niveau de la population avec des conditions de vie décentes et respectueuses de l'environnement.

L'effondrement du monde plat

Face à l'ensemble des problèmes écologiques et sociaux auxquels il est soumis, le monde plat s'enfonce dans la crise économique, financière et environnementale[108]. Les difficultés se sont accrues en 2020 avec l'épidémie du Covid-19 et la crise sanitaire qu'elle a provoquée. Les États-Unis ont été particulièrement affectés par cette crise sanitaire, qui a mis en évidence toutes les défaillances du système : insuffisance de la protection sociale, équipements hospitaliers inadaptés (3 lits d'hôpitaux pour 1 000 habitants contre 12 en Corée), explosion des inégalités sociales, montée d'un chômage de masse (qui pourrait concerner près du tiers de la population[109]). Dès le début de l'année 2021, le nombre de décès a dépassé 500 000.

---

[108] Thomas Friedman, *The World Is Flat: A Brief History Of The Twenty-First Century*, 2005 ; *La terre est plate. Une brève histoire du XXe siècle*, Saint-Simon, 2006.
[109] Le développement très rapide de vaccins à ARN montre toutefois que les entreprises américaines conservent une avance dans le domaine des technologies de pointe.

Différents mouvements de contestation ont agité le pays. Les inégalités sociales, les difficultés rencontrées par les minorités, l'appauvrissement d'une partie de la population conduisent à des difficultés croissantes et remettent fortement en question le modèle américain. La crise provoquée par le Covid-19 pourrait être aussi celle d'un monde qui devient post-américain[110].

Le monde plat de la globalisation néolibérale ne peut survivre en l'état. Il est menacé d'effondrement. L'effondrement écologique, en raison de la dégradation de l'environnement, de l'épuisement des ressources naturelles et du réchauffement climatique, pourrait advenir subitement, à l'occasion d'une crise soudaine, telle qu'une chute brutale de la biodiversité ou un épisode exceptionnel de canicule et de sécheresse.

En raison de la montée des tensions géopolitiques, le monde plat pourrait également disparaître à la suite d'un conflit de grande ampleur. En particulier si un tel conflit dégénère en provoquant un recours aux armes nucléaires. Il en résulterait la disparition d'une grande partie non seulement de l'humanité, mais aussi du monde vivant dans son ensemble.

La crise du coronavirus pourrait jouer le même rôle que la catastrophe de Tchernobyl en ex-URSS, en marquant le signal de son effondrement, ce qui ne signifie pas forcément l'effondrement de la société humaine tout entière. Les conditions de sortie de crise sont plus que jamais en question.

---

[110] Thomas Gomart, *Le Monde*, 8 avril 2020.

3 - La verticale du sens

Échapper au monde plat

Se projeter dans l'avenir conduit à poser la question d'un futur souhaitable, voire désirable, et à s'interroger sur la meilleure façon de l'atteindre. Tout projet collectif d'envergure est dirigé vers un but, un aboutissement futur.

Les actions à court terme peuvent être optimisées par autorégulation, dans le cadre des transactions opérées par l'ensemble des acteurs individuels. La régulation par le Marché est très efficace dans la gestion des activités de tous les jours. Elle ne permet pas toutefois de prendre des décisions dont les implications se situent à long terme. Il en va ainsi pour la préservation de l'environnement, l'aménagement du territoire, le transport, l'énergie ou les projets impliquant un nouveau modèle social. Les objectifs poursuivis doivent alors s'inscrire dans une vision d'avenir cohérente, capable de conférer un sens aux actions entreprises.

Aucune transformation en profondeur de la société n'est actuellement possible en raison de la dictature du Marché, qui condamne toute initiative échappant à sa logique.

De ce fait, il ne suffit pas d'afficher, même sincèrement, des principes généreux de justice sociale ou de préservation de l'environnement pour les faire triompher. Trop souvent, les actions de communication passent au premier plan et éclipsent toute volonté d'application concrète[111]. L'aspiration à un changement radical est ressentie comme une utopie, contraire au principe de réalité.

Dès lors, confronté à de multiples défaillances écologiques, sociales et économiques, le monde plat est en crise. La perte de confiance dans les dirigeants, l'affaiblissement de son système de valeurs, le manque de perspectives à long terme ébranlent dangereusement l'édifice.

À plus long terme, la montée des inégalités et la dégradation de l'environnement conduisent inévitablement à l'effondrement si rien ne change. Face à ces menaces, l'oligarchie au pouvoir peut réagir en construisant des murs et en adoptant un régime autoritaire, pour préserver ses acquis par la force. Toutefois, dans ce cas, la fin risque d'être brutale et pourrait même prendre la forme d'une Apocalypse nucléaire.

Il ne sera possible de bâtir une société du sens qu'en suivant des orientations radicalement différentes, en

---

[111] Notamment le *greenwashing*, consistant à « peindre en vert » les actions entreprises, quelles que soient les motivations réelles.

replaçant l'intérêt général, la solidarité et le partage au centre des priorités.

La quête spirituelle

Face aux risques que représente la globalisation néolibérale, seul, sans doute, un renouveau culturel et spirituel permettra de trouver une issue aux menaces auxquelles l'humanité est confrontée.
Les nombreux courants de pensée actuels qui expriment un tel besoin pourraient constituer l'amorce d'un mouvement plus large, capable de mener la société vers le renouveau.

Miser sur l'approfondissement des valeurs intérieures fournit le moyen de sortir du monde plat, tout en évitant le piège totalitaire. C'est en veillant à l'épanouissement de la personne qu'il devient possible de construire une vision de la société porteuse de sens, capable de guider l'action collective. La redécouverte du sacré et la recherche d'une spiritualité plus accomplie font partie d'une telle démarche vers un renouveau de conscience.

Le rapide déclin de la religion dans les pays d'Europe occidentale apparaît comme un cas relativement isolé à l'échelle de la planète. L'ensemble du continent américain, l'Afrique, les pays musulmans allant du Maghreb à l'Indonésie connaissent au contraire un net regain de la foi religieuse.

La religion a été souvent le ciment principal des civilisations. Elle garde un poids important dans le Monde, les croyants formant une grande majorité de la population mondiale. Les religions apportent un sens à la vie, répondent à des angoisses profondes face à la maladie et à la mort. Elles représentent aussi, pour la plupart des populations, un signe de ralliement culturel et un moyen de renforcer l'identité de leur communauté.

Dans les sociétés modernes, qui ont adopté le principe de laïcité, notamment en Europe, la religion est vécue à un niveau purement privé. Dans ce contexte, elle tend à se transformer en expérience personnelle et à disparaître en tant qu'institution sociale.
Cette évolution correspond au souhait de plus en plus répandu de trouver sa propre voie, plutôt que de suivre les prescriptions d'une institution ou d'une Église. C'est ce qui explique notamment le succès de la philosophie bouddhiste en Occident, qui séduit ses adeptes modernes par une forme de tolérance et de compassion.

À l'opposé d'une conception purement individuelle, la religion peut également être perçue comme un système de pensée destiné à gouverner l'ensemble de la société. Cette conception est répandue dans les pays qui ont introduit une religion d'État. Elle est revendiquée par les mouvements fondamentalistes et intégristes, comme ceux qui prônent le créationnisme aux États-Unis ou ceux qui veulent imposer de manière intransigeante la *charia* dans certains pays musulmans. De telles prises de position traduisent fréquemment une volonté de pouvoir, qui s'exprime à travers un mouvement religieux.

Dans de larges couches de la population et notamment dans les milieux défavorisés, la religion nourrit l'espoir de vivre dans une société plus fraternelle. Cette attente a favorisé l'essor des mouvements charismatiques et évangéliques au sein du christianisme. Dans les pays occidentaux, le rôle que jouait le christianisme comme facteur d'intégration sociale est toutefois de moins en moins actif. Le vide qui en résulte suscite le besoin de trouver de nouvelles formes de spiritualités.

Le mouvement du *New Age* qui s'est développé dans le sillage de la contre-culture hippie des années 60 a exprimé l'espoir que l'humanité allait entrer dans une nouvelle ère.

Dans un ouvrage qui est devenu un manifeste du mouvement, Marylin Ferguson affirmait qu'en sortant de l'ère du Poisson, qui fut l'ère du christianisme, et en entrant dans l'ère du Verseau[112], l'humanité allait pouvoir trouver son plein potentiel spirituel[113].

---

[112] Il s'agit là d'un concept astrologique et non scientifique. De ce fait, la date de début de cette nouvelle ère reste controversée.
[113] Marylin Ferguson, *The Aquarian Conspiracy: Personal and Social Transformation in the 1980s*, 1980, *Les Enfants du Verseau : Pour un nouveau paradigme*, Paris, Calmann-Lévy, 1981.

Malgré un certain penchant pour l'occultisme ou même des formes d'obscurantisme, le *New Age* a répondu à un besoin de développement personnel et une soif de spiritualité.

D'autres, à l'image du philosophe André Comte-Sponville, revendiquent une spiritualité laïque, montrant ainsi le besoin de se relier à des valeurs spirituelles, au-delà de toute foi religieuse[114].
Des aspirations de même nature se retrouvent fréquemment parmi les écologistes les plus convaincus. Le culte de la Nature prend fréquemment des formes quasi religieuses, la nature étant considérée comme la référence suprême.
Spinoza avait déjà identifié Dieu à la Nature[115]. Plus récemment, cette idée a été reprise et développée par le philosophe et mathématicien Alfred N. Whitehead[116], ainsi que par différents scientifiques, parmi lesquels Stuart A. Kauffman, qui a proposé de relier le sacré à la nature, en assimilant Dieu à la « créativité dans la nature[117] ».

Le sociologue Raphaël Liogier a estimé qu'une vision religieuse commune sous-tend les divers mouve-

---

[114] André Comte-Sponville, *L'esprit de l'athéisme – Introduction à une spiritualité sans Dieu*, Albin Michel, 2006.
[115] En employant dans son ouvrage *L'Éthique* l'expression : « *Deus sive Natura* »
[116] Alfred North Whitehead, *Process and Reality: An Essay in Cosmology*, 1929, *Procès et réalité*, Paris, Gallimard, 1995.
[117] Stuart A.Kauffman, *Reinventing the Sacred – A New View of Science, Reason and Religion,* Basic Books, 2008.

ments à la recherche de nouvelles formes de spiritualités qui se développent aujourd'hui. Selon lui, la mondialisation a conduit à l'avènement d'une nouvelle « religion globale », le *globalo-individualisme*, qui résulterait du besoin de concilier la quête individuelle du bonheur et du bien-être, avec la conscience globale d'un monde qui s'est élargi[118].

La recherche d'un confort psychique par la voie de la spiritualité risque toutefois de mener à un « matérialisme spirituel », qui vise à conforter l'ego. Cette attitude ne peut conduire à une pratique authentique dont le but est au contraire de parvenir à s'en détacher. Elle a été dénoncée très tôt par le maître tibétain Chogyam Trüngpa[119].

Le besoin de sens

En conférant une finalité à nos actions, le sens restitue une signification à notre existence[120]. Avoir le sentiment d'agir conformément au sens instaure une harmonie entre la vie que l'on mène et l'être profond en soi.

Cette harmonie s'étend aux autres, aux siens, mais aussi à tous les êtres humains et même à tous les

---

[118] Raphaël Liogier, *Souci de soi, conscience du monde – Vers une religion globale*, Armand Colin, 2012.
[119] Chögyam Trungpa, *Pratique de la voie tibétaine – Au-delà du matérialisme spirituel*, Seuil, coll. « Sagesses », 1976.
[120] Robert Misrahi, *Qu'est-ce que l'éthique ?* Armand Colin, 1997.

êtres vivants. C'est en trouvant un sens qu'il est possible de parvenir à l'apaisement et à la sérénité.

La quête de sens répond au besoin de l'être humain de trouver une signification à son existence, en vue de pouvoir affronter les malheurs et les frustrations de la vie. Elle guide tous ceux qui sont en quête de vérité, qu'ils soient philosophes, savants ou simples citoyens. Cette quête de sens est étroitement liée au système de valeurs de la société, souvent désigné par le terme d'*ethos*. La société est *porteuse de sens*, si son organisation, ses orientations et ses actions sont conformes à son ethos.

Une *société du sens* se situe au terme d'une phase ascendante de construction collective, qui lui a permis de construire un ethos reconnu et vécu par tous. Elle est capable de faire preuve de dynamisme, en étant guidée par une vision d'avenir. Elle peut alors concilier une prospérité suffisante avec un idéal partagé. Au contraire, le déclin de l'ethos, que traduit la perte du sens, a toujours annoncé, dans le passé, un effondrement inéluctable. La société ne sait plus où elle va, perd confiance en ses dirigeants et finit par se désagréger.

La construction du sens implique une forme de transcendance, quelle que soit sa nature. Elle s'accomplit traditionnellement en se référant au sacré, mais elle peut également se fonder sur la conscience profonde de l'être humain et l'ouverture à autrui.

S'évader du monde plat dans lequel on se trouve enfermé par un réseau de contraintes qui paraissent infranchissables devient possible en suivant la *verticale du sens*. Cette trajectoire verticale est inconcevable dans le monde plat, qui ignore la transcendance. La suivre exige d'accepter une profonde mutation culturelle. Quitter le niveau auquel se situe le monde plat permet de s'ouvrir à l'intérêt général et d'imaginer d'autres modèles de société.

Une société guidée par les seules valeurs matérielles se place sous le signe de la nécessité. De ce fait, en cas de crise, elle risque de se retrouver dans une situation sans issue. Par contre, si elle est guidée par des valeurs immatérielles, culturelles et spirituelles, la situation peut être appréciée tout autrement.
En retrouvant un sens, la société regagne une liberté qui lui permet d'entrevoir une issue à la crise qu'elle traverse.

La thérapie du sens

Trouver un sens dans la vie est particulièrement important face à une crise ou à une situation douloureuse. Le psychiatre Viktor E. Frankl, rescapé des camps de concentration, dans lesquels il avait perdu toute sa famille, a montré comment un engagement donnant un sens à la vie permet de surmonter les plus graves épreuves[121].

---

[121] Viktor E. Frankl, *Découvrir un sens à la vie avec la logothérapie*, préface de Gabriel Marcel, J'ai Lu, 2013.

Succédant à de grandes figures de la psychologie et de la psychanalyse, Viktor Frankl a profondément transformé les schémas de pensée qui avaient été adoptés jusque-là. Alors que la source principale de motivation réside dans le plaisir selon Freud et dans la recherche de puissance selon Adler, pour Frankl, seul le besoin de sens est capable de guider une vie[122].

En effet, selon lui, c'est en s'ouvrant à la dimension spirituelle, ou *noesis*, qu'il est possible de répondre aux aspirations profondes de la personne humaine. La *noesis* se déploie selon une dimension verticale qui transcende la dimension psychosomatique, horizontale et purement immanente.

Que ce soit à un niveau individuel ou à un niveau collectif, la perte de sens entraîne une névrose, associée à un sentiment de vide existentiel. Dès lors, Frankl a proposé de répondre à une telle détresse de l'âme par une *thérapie du sens* qu'il a dénommée logothérapie. Cette thérapie s'effectue à travers une analyse existentielle, qui consiste, par un travail d'introspection, à clarifier le sens que l'on souhaite attribuer à sa vie. Elle aide à comprendre ce qui est essentiel dans son existence, à transformer le regard porté sur la condition humaine et ainsi à opérer une conversion intérieure, une *métanoïa* libératrice.

---

[122] Georges-Elia Sarfati, *À propos de Viktor E. Frankl (1905-1997) – Principes et perspectives de l'analyse existentielle et de la logothérapie*, Thyma, 23-11-2015.

De ce fait, alors que l'analyse de Freud recherche les traumatismes du passé et celle d'Adler se concentre sur les conditions psychiques du présent, l'analyse existentielle de Frankl se projette de manière prospective sur l'avenir.

La démarche de Frankl, centrée sur la personne, peut être étendue à toute une société. Lorsqu'une société ne parvient plus à trouver de sens à l'action collective, elle passe par une crise morale. N'étant plus guidée par une vision d'avenir, elle perd son dynamisme et devient incapable d'aller de l'avant. Il est alors nécessaire de lui redonner des raisons d'espérer en l'aidant à retrouver un sens.
Les grandes religions et, dans une certaine mesure, les philosophies ont toujours joué ce rôle. Ainsi, malgré toutes les querelles doctrinales et les guerres de religion, le christianisme a agi de cette façon en Europe et son progressif effacement a contribué, dans une large mesure, à susciter la crise actuelle.

Les différentes tentatives de trouver un sens à travers un idéal politique n'ont pu s'imposer durablement, et en particulier, les deux grandes idéologies du XXe siècle, le fascisme et le communisme, ont échoué dans leur tentative de créer un *homme nouveau*.

Promouvoir un nouvel ethos

Les décisions dont dépend l'avenir d'une société dépendent de convictions, de croyances et de préférences culturelles qui diffèrent profondément d'une société à une autre.

Ainsi, alors que dans certains pays comme l'Inde, la société reste attachée aux valeurs religieuses et collectives issues de ses anciennes traditions, le mode de représentation du monde occidental a évolué vers le matérialisme et l'individualisme.

Dans une société qui garde une cohésion suffisante, les valeurs partagées par la collectivité s'organisent en un système cohérent. Associées à une vision du monde, elles constituent l'*ethos* qui guide les orientations engageant l'avenir.

Une société puise ses valeurs dans son histoire et les influences qu'elle subit, par-delà les préférences individuelles[123]. Chaque époque est caractérisée par un ethos distinctif. L'Europe des cathédrales, la Renaissance italienne, la Chine des Tang, l'Amérique des gratte-ciels ou la France d'après-guerre en sont des exemples marquants.

Étroitement associé à une forme de culture, l'ethos confère à la société le sens qui l'anime. La vigueur de l'ethos est mesurée par l'élan et l'enthousiasme qu'il est capable de provoquer. Porté par l'imaginaire collectif, il se constitue progressivement et souvent lentement.

Après être passé par une phase d'essor puis d'épanouissement, il finit par entrer dans une période de

---

[123] Alexandre Rojey, *Le monde qui vient – L'humanité a-t-elle un avenir ?* Éditions Libre et Solidaire, 2018.

déclin. Soumise à diverses influences, son évolution ne suit pas un cours régulier. Elle comporte des moments de régression, comme en témoignent les guerres, au cours desquelles des civilisations avancées peuvent être ramenées à un état de barbarie. Les perversions de l'ethos mènent à des postures nationalistes ou identitaires, à l'origine de conflits meurtriers.

Un ethos puissant est capable d'entraîner non seulement la nation au sein de laquelle il est apparu, mais aussi d'autres peuples. L'idéal républicain de Liberté, Égalité et Fraternité et des droits de l'Homme, qui est né en France, s'est répandu dans le monde entier.
Toutefois, les déclarations formelles ne suffisent pas. Pour se maintenir, l'ethos doit être porté par des convictions et se traduire en actions concrètes. Dans le monde globalisé actuel, l'affirmation des valeurs se heurte aux réalités de la société de consommation et à la façon de vivre qu'elle implique. L'affaiblissement de l'ethos, qu'entraîne la primauté absolue accordée à l'économie et au Marché, corrode la société. Pour redonner à l'ethos toute sa vigueur, il devient indispensable de retrouver un sens, capable d'inspirer une raison d'être au-delà d'une simple façon de vivre.

L'ethos d'une société s'organise suivant les deux axes du diagramme représenté sur la figure 1.

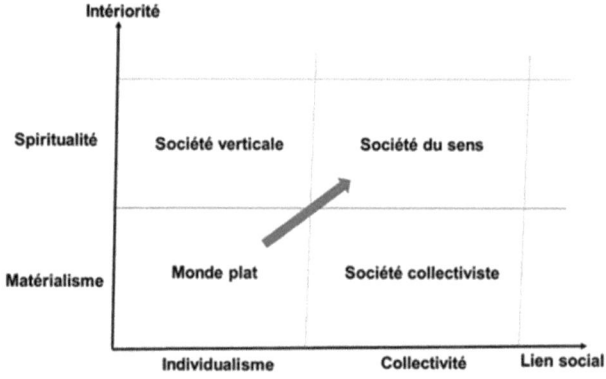

Figure 1 – Bâtir la société du sens

Le premier axe du diagramme mesure l'intensité du lien social qui relie les différents membres de la collectivité. L'individualisme est dominant lorsque ce lien social est faible.

L'individualisme réclame une relative absence de contraintes sociales. Pour décrire la société *hyperindividualiste* contemporaine, le sociologue Zygmunt Bauman évoque une *société liquide*, au sein de laquelle la vie sociale se trouve appauvrie en raison de relations sociales de plus en plus distendues[124]. Une telle société ne dispose plus de structures stables et durables.

Lorsque le lien social devient trop faible, et en l'absence de toute forme de régulation, la société tend vers un état *gazeux*, instable et chaotique. Elle est

---

[124] Zygmunt Bauman, *Liquid Modernity*, 2000, *Le présent liquide : Peurs sociales et obsession sécuritaire*, Seuil, 2007.

alors menacée de disparition. C'est le risque auquel l'expose le néolibéralisme.

À la suite d'une période de chaos prolongé, l'ordre social est fréquemment rétabli par un pouvoir autoritaire, qui l'impose par la force. Ce cas de figure correspond à la société collectiviste, que les régimes totalitaires ont voulu imposer au XXe siècle. Les contraintes qui sont ainsi imposées à la société la rendent peu flexible et finissent par mener à sa sclérose.

Le deuxième axe correspond aux valeurs intérieures, qui se développent à un niveau personnel, mais qui peuvent être partagées par une collectivité. La position suivant cet axe permet de distinguer une société fondée sur des valeurs immatérielles, culturelles et spirituelles d'une société dont les priorités sont associées à la plus grande consommation possible de biens matériels.

Le diagramme de la figure 1 représente, de manière simplifiée, les principales composantes de l'ethos. La position sur chacun des axes dépend des valeurs qui sont prédominantes.

Il ne prend évidemment pas en compte de nombreux facteurs historiques, techniques, économiques et sociaux qui conditionnent le fonctionnement de la société, mais il permet néanmoins de représenter de façon schématique les grandes orientations dont dépend son dynamisme.

Sur le diagramme de la figure 1, l'ethos est positionné suivant quatre secteurs, tournés vers des finalités différentes :

– Le monde plat

Le *monde plat* représente la forme qu'a prise l'organisation de la société contemporaine à l'échelle mondiale dans le cadre de la globalisation néolibérale. Fondé sur le profit, associant individualisme et désir de biens matériels, il représente la forme d'aboutissement actuel du modèle de la *société de consommation*.
Le système économique s'appuie sur un capitalisme financiarisé, libéré de la plupart des contraintes antérieures. L'économie et la finance occupent un rôle central et les organismes bancaires deviennent les centres du pouvoir.

– La société verticale

La *société verticale* privilégie les valeurs spirituelles à un niveau individuel. Elle se fonde sur l'autorité de ceux qui incarnent ces valeurs : les saints, les gourous, les ermites. L'Inde traditionnelle des *brahmanes* en est l'illustration. L'Europe médiévale était proche de ce modèle dont elle s'est progressivement écartée à partir de la Renaissance, en attribuant la priorité aux valeurs matérielles qui ont assuré sa puissance.

Une société de ce type préserve les valeurs de transcendance qui incitent l'individu à se dépasser, mais comme elle se préoccupe peu de la prospérité matérielle, elle s'épanouit difficilement.

– La société collectiviste

La *société collectiviste* est fondée sur un lien social très puissant. Elle privilégie également les valeurs matérielles. Le régime soviétique en ex-URSS en est un exemple abouti. Toutefois, un pouvoir autoritaire est mal placé pour imposer une cohésion sociale qui doit être voulue de l'intérieur.
Des sociétés non occidentales qui se sont constituées depuis un passé lointain ont conservé un fort sentiment d'appartenance à une collectivité. Il leur permet de réagir en fonction de l'intérêt général, et pas seulement en fonction d'intérêts particuliers. L'attachement aux valeurs collectives est répandu dans de nombreuses régions du Monde, notamment en Asie et en Afrique.

– La société du sens

La *société du sens* associe aux valeurs spirituelles les valeurs collectives. Ces deux types de valeurs se croisent et s'alimentent mutuellement.

Le lien social est renforcé par les valeurs culturelles et spirituelles, tandis que les relations d'empathie et

d'affection aident à placer l'intérêt général au-dessus des intérêts particuliers.
Aucune civilisation n'a pleinement réalisé ce modèle dans le passé, mais certaines sociétés s'en sont rapprochées, comme l'Athènes de Périclès, la Chine des Tang ou l'Europe d'après-guerre.

Dans la plupart des sociétés, différentes orientations coexistent, à des degrés divers. La société n'est pas entièrement homogène et des différences significatives sont naturellement observées entre individus et groupes sociaux. Toutefois, on observe en général un modèle dominant.

Il est possible de sortir du monde plat de l'individualisme et de la consommation pour construire une société du sens, en progressant selon les deux axes représentés sur la figure 1, ce qui implique :

- D'approfondir l'intériorité, de privilégier les valeurs immatérielles et d'opérer une mutation culturelle, pour remplacer la société de consommation par une société de création et de liberté.
- De développer une conscience collective, de renforcer le lien social et de privilégier l'intérêt général pour sortir de l'individualisme actuel et former une communauté réunie autour d'une vision d'avenir partagée.

La remise en cause de l'organisation de notre société suscitée par la crise sanitaire du Covid-19 représente une opportunité pour agir et progresser vers une société du sens.

Susciter un nouvel élan

Vouloir sortir de la crise actuelle par la croissance matérielle ne peut que renforcer le risque de crise écologique. C'est à travers un renouveau culturel et moral que la société pourra retrouver un nouvel élan. Ce renouveau culturel se situe d'abord à un niveau personnel. Un épanouissement intérieur rend acceptable un mode de vie plus humble et plus sobre. Il concerne également l'ensemble de la société, car les choix individuels et collectifs sont étroitement liés.

Pour Oswald Spengler, chaque civilisation est semblable à un organisme qui passe par des phases successives de naissance, croissance, vieillesse et mort[125]. Le développement d'une civilisation est comparable à la phase de croissance d'une plante. Selon Spengler, l'élan vital d'une nouvelle civilisation est lié à l'élaboration d'une nouvelle culture, comme ce fut le cas en Grèce. Lorsque la société s'oriente vers des objectifs exclusivement matériels et qu'elle

---

[125] Oswald Spengler, *Der Untergang des Abendlandes – Umrisse einer Morphologie der Weltgeschichte*, 1918-1923, *Le déclin de l'Occident*, Gallimard, 1948.

devient incapable de réinventer ses fondements culturels, à l'image de la Rome antique dans sa période tardive, elle est condamnée au déclin.

C'est en attribuant la priorité aux biens immatériels et en se dotant de nouveaux fondements culturels et moraux que la société de demain pourra retrouver un élan créateur. Face au matérialisme ambiant, elle devra faire appel à des principes spirituels qui puissent répondre aux besoins de l'être profond.
La mutation culturelle à engager consiste à se relier à la conscience profonde, sur laquelle se fondent les valeurs spirituelles et le sentiment de vivre selon le sens. Elle débouche sur une société plus créative et plus libre.
Les valeurs de création et de liberté sont étroitement liées. Ensemble, elles contribuent à l'épanouissement de la personne. La liberté intérieure est la plus importante. Elle est associée à la spiritualité, à cette part de la psyché humaine que Viktor Frankl a qualifiée de *noesis*.

Dans l'avenir, la création va jouer un rôle croissant dans tous les domaines, en conduisant à de nouvelles formes d'organisation technique et sociale. Les frontières entre science, technologie, philosophie et art vont tendre à s'effacer, répondant aux besoins d'épanouissement d'une fraction croissante de la population.

La distinction entre travail, création et loisir va devenir de plus en plus ténue, comme elle l'est dès à présent pour toute activité créatrice, qui répond à un besoin intérieur, même si elle exige des efforts et un travail parfois pénible.

Cette évolution va favoriser l'émergence d'une nouvelle culture, selon laquelle ce que nous partageons est plus important que ce que nous possédons[126]. Tandis que l'acquisition d'un bien matériel par l'un est une perte pour l'autre, l'échange de biens intellectuels entre deux personnes ne prive aucun des deux et se traduit au contraire par un enrichissement mutuel. Le partage des idées les renforce, en aidant à les réunir en un ensemble structuré et cohérent.

Pour apprécier les effets d'un choix de société, il est nécessaire de redéfinir la notion de « prospérité ». Le critère du produit intérieur brut (PIB) n'est pas le plus approprié. La qualité de vie, le sentiment de bonheur éprouvé, un cadre de vie harmonieux, la santé, la sécurité et la capacité à s'épanouir sont ressentis par la plupart des personnes comme plus importants que la seule opulence matérielle.

Des critères alternatifs de développement, tels que le bonheur national brut (BNB), ont été introduits pour remplacer le PNB. Ce critère a été notamment employé au Bhoutan.

---

[126] Gary Hamel, *Leading the Revolution*, Harvard Business School Press, Boston, Massachusetts, 2000.

Le bonheur, qui relève de la subjectivité, reste toutefois difficile à mesurer, car il est associé au sens et dépend des références personnelles de chacun. L'indice de bonheur qui est généralement utilisé aujourd'hui tient compte du niveau de vie. Les trois premiers pays suivant ce classement sont la Finlande, le Danemark et la Suisse ; le Bhoutan ne figure qu'assez loin derrière[127].

Dans une société du sens, la satisfaction des besoins essentiels reste indispensable, mais ceux-ci étant satisfaits, la recherche d'une sagesse permettant de se concilier avec la vie devient un ingrédient essentiel dans l'acquisition du bonheur. Cette recherche était jugée essentielle dans la Tradition primordiale de l'Inde (Sanâtana Dharma)[128].

Renouer avec l'intérêt général

Une société individualiste est mal placée pour répondre aux besoins de l'intérêt général. Si chacun est simplement concerné par la maximisation de son profit personnel, il devient impossible de régler les problèmes les plus graves que rencontre la communauté.

Pour y parvenir, la société doit être animée par une conscience collective et guidée par une vision d'avenir partagée.

---

[127] *World Happiness Report*, 2020.
[128] Jean Tourniac, *Melkitsedeq ou la Tradition Primordiale*, Éditions Dervy, 2010.

Il en résulte des implications importantes en ce qui concerne le système économique.

Jusqu'à présent, la seule réponse qui a été trouvée pour résoudre le problème du chômage a consisté à miser sur la croissance. Une telle politique se trouve confrontée aux effets de la compétition internationale, conduisant chaque nation à vouloir mener la course en tête, et se heurte aux limites de la consommation acceptable de ressources naturelles. Du fait de la relation directe entre croissance et emploi, la chute du taux de croissance liée aux effets de la crise économique a entraîné une hausse du chômage, tout particulièrement en Europe.

Il existe pourtant des besoins considérables à satisfaire dans des domaines d'intérêt général. Ils concernent notamment l'éducation, l'entretien des espaces naturels, l'aménagement des villes, la santé, l'aide aux plus défavorisés. En répondant à ces besoins, la collectivité peut retrouver le plein emploi, tout en améliorant la qualité et en préservant l'avenir. Il est possible de bâtir « la prospérité sans la croissance » par la création d'emplois d'intérêt général, sans augmenter nécessairement le nombre de fonctionnaires ou le volume des dépenses publiques, mais plutôt en favorisant les différentes initiatives déjà nombreuses dans ce domaine[129].

---

[129] Tim Jackson, *Prosperity Without Growth? The Transition to Sustainable Economy*, Sustainable Development Commission, UK, 2009.

Le temps de travail consacré à la création littéraire et artistique, à la recherche fondamentale, à l'aménagement des espaces naturels, à l'éducation des jeunes et à l'aide aux plus âgés peut être considérablement accru sans se heurter à des limites économiques ou environnementales.

Le secteur de la santé est tout particulièrement concerné. Les choix dans ce domaine ne peuvent dépendre uniquement de facteurs économiques, mais doivent être effectués en tenant compte de critères éthiques et moraux. Sinon, quelles raisons peuvent pousser à soigner des malades âgés, qui ne représentent qu'une charge pour la société ?

Le développement d'une agriculture plus respectueuse de l'environnement nécessite également des efforts accrus. Le temps passé à préserver la nature et la beauté des paysages accroît l'attractivité d'un territoire, grâce à la qualité des produits locaux, la richesse des créations culturelles, l'agrément de la vie et la réussite d'un modèle social plus harmonieux. Un tel aménagement du territoire contribue à attirer les talents venant du monde entier et favorise le tourisme ainsi que l'implantation de nouvelles entreprises.

En misant sur l'hygiène et la qualité de vie plutôt que sur le PIB et en développant l'utilisation de ressources locales, il est possible d'améliorer la résilience du système économique et ainsi de réduire les risques d'effondrement en situation de crise.

Il ne s'agit pas pour autant de considérer qu'il existe une solution simple et immédiate aux problèmes rencontrés. La compétition à laquelle est soumise une part importante de l'activité économique entraîne des contraintes qu'il est impossible d'ignorer. Beaucoup d'audace sera nécessaire pour remettre en cause le système économique actuel, alors que les crises successives ont réduit les marges de manœuvre dont disposent les gouvernements. En Europe notamment, le montant de la dette introduit un niveau de contraintes peu compatible avec la mise en place immédiate d'une politique au service de l'intérêt général, dans un contexte où l'amélioration de la compétitivité économique représente le critère dominant.

Pour éviter un effondrement, il faudra toutefois trouver des réponses aux défis considérables qu'il s'agit d'affronter, non seulement à un niveau local, mais aussi à un niveau global. Le plus redoutable d'entre eux concerne la préservation de l'environnement et en particulier la prévention du réchauffement climatique.

Pour que l'intérêt général devienne la priorité, il est indispensable que la société soit capable de se tourner vers d'autres systèmes de pensée qu'un matérialisme individualiste et vorace, de façon à mettre toute sa puissance créative en œuvre au service d'une action juste.

Une relation nouvelle avec la nature

Suivre la verticale du sens implique une transformation de la relation avec la nature. La nature ne peut plus être considérée comme un magasin recelant des ressources disponibles à foison, car elle s'identifie à la Vie vibrante et consciente, avec toute sa diversité et sa sensibilité.

L'intérêt général dépend bien évidemment de son devenir, mais la relation avec la nature concerne également le ressenti intérieur de chacun. Lui attribuer une valeur intrinsèque, indépendamment de son utilité pour le genre humain, aboutit à une transformation en profondeur de la relation qui s'établit avec elle.

La période récente a permis de prendre conscience de l'impact négatif exercé par les activités humaines. L'idée que nous sommes entrés dans l'ère de l'anthropocène, durant laquelle l'humanité joue un rôle déterminant dans la transformation de la planète, dont l'impact est malheureusement négatif, est à présent largement admise.

La pression sur l'environnement ne peut augmenter indéfiniment. Dans un monde fini, il n'est pas acceptable d'accroître constamment le prélèvement de ressources et le rejet de déchets. Dans l'avenir, il s'agit d'inverser cette tendance, en ne prélevant que des ressources renouvelables ou recyclables et en ne rejetant pas plus de déchets que ceux qui peuvent être dégradés et assimilés par le milieu naturel.

Aucune transition écologique ne pourra toutefois aboutir avec succès sans une transformation du regard porté sur la nature et une prise de conscience du caractère sacré de la vie. C'est à cette seule condition que la nature peut être reconnue comme possédant une valeur en soi.

Une vision d'avenir

Retrouver un sens redonne la capacité de construire une vision d'avenir. Il est impossible d'engager un processus de transformation visant à relever les défis actuels sans se fixer un but. Le changement ne peut être engagé qu'en fonction de la perception d'un écart entre le monde tel qu'il est et le monde tel qu'il devrait être[130].

Un changement de modèle de société peut intervenir sous la forme d'une rupture à l'issue d'une crise prolongée. Il s'accomplit dans ce cas de manière relativement rapide. L'introduction du christianisme au sein de l'Empire romain ou l'instauration en France, puis dans le reste de l'Europe, de principes démocratiques issus de la Révolution française, sont des exemples d'un tel basculement. La rupture intervient le plus souvent à l'issue d'une longue période de tensions.

---

[130] Paul Watzlawick, *The Language of Change – Elements of Therapeutic Communication*, 1978, *Le langage du changement – Éléments de communication thérapeutique*, Éditions du Seuil, 1980.

Le changement peut également intervenir sous la forme d'une transition beaucoup plus progressive. Ainsi, l'adoption des droits de l'homme comme principes universels ou le rejet de toute forme d'esclavage constituent des acquis relativement récents, à l'issue d'une prise de conscience progressive.

La nécessité et l'urgence d'un changement sont souvent mal perçues par l'opinion. Comme l'a fait ressortir Jean-Pierre Dupuy, même en étant informée d'un risque de catastrophe imminent, la société n'est pas pour autant décidée à agir en conséquence[131]. En l'absence d'une volonté collective, difficile à susciter, la décision de prendre les mesures nécessaires est loin d'être acquise.

Seule une vision d'ensemble permet d'acquérir la cohérence de pensée nécessaire pour se projeter dans l'avenir et agir avec confiance. Elle est devenue difficilement accessible, car les activités professionnelles ont été découpées suivant des tâches hautement spécialisées.
Il devient ainsi indispensable d'unifier les mondes actuellement dissociés de la science, de l'économie et de la culture. C'est une telle synthèse qu'ont réussi à accomplir les grandes civilisations du passé : la Grèce antique, l'Europe des Lumières, mais aussi la Chine des Tang ou l'Inde des Gupta.

---

[131] Jean-Pierre Dupuy, *Pour un catastrophisme éclairé – Quand l'impossible est certain*, Seuil, 2002.

Les différentes expériences qui ont été tentées pour changer de vie ne seront sans doute pas faciles à transposer ni à étendre au monde entier. Elles préfigurent sans doute, néanmoins, l'instauration d'un modèle alternatif qui pourrait prévaloir dans l'avenir.

L'adoption d'une vision alternative passe par un renversement des valeurs, replaçant l'être avant l'avoir[132]. L'épanouissement de l'être s'accomplit à travers un développement de la personnalité vers plus de créativité, de maîtrise de soi et de sérénité intérieure, ainsi qu'en construisant une relation harmonieuse avec son milieu.

Dans la plupart des cas, ceux qui bénéficient de revenus très élevés dépassant dans de très larges proportions leurs besoins réels ne disposent plus du temps nécessaire pour profiter de la plupart de leurs biens matériels. La motivation qui les pousse est alors liée avant tout à la recherche de statut social et à une volonté de pouvoir.
Dans le passé, en Europe, l'argent ne représentait pas le marqueur social qu'il est devenu. Le pouvoir se transmettait par des mécanismes de sélection et de cooptation, qui ne prenaient pas en compte la fortune personnelle, du moins en première instance.
Dans le monde de demain, on peut imaginer que l'argent perde une part de son attrait en tant que signe

---

[132] Erich Fromm, *To Have or to Be*, 1976, *Avoir ou être : un choix dont dépend l'avenir de l'Homme*, Robert Laffont, 1978.

de notoriété et de statut social, comme bien d'autres signes distinctifs de la société de consommation.

De nouvelles sources de motivation, telles que la recherche d'une meilleure qualité de vie et d'un épanouissement intérieur, le plaisir de créer, le besoin de se sentir relié à une communauté solidaire, pourraient passer au premier plan. À ce besoin d'accomplissement vient s'ajouter un impératif de solidarité et de responsabilité vis-à-vis de la société, sans lequel il n'est pas possible de fonder d'éthique. Une telle attitude implique d'être capable de dépasser son intérêt personnel, ainsi que les conceptions individualistes et hédonistes qui caractérisent la société actuelle. Pour échapper au monde plat de la société de consommation et retrouver un système de valeurs verticales, des efforts de discipline et même d'ascèse devront être engagés. Cette transformation intérieure est sans doute la plus difficile et la plus violente à opérer, car elle implique une rupture avec le monde plat actuel.

La sortie de crise

Le monde plat est en crise. Il a connu en fait une série de crises successives, parmi lesquelles la crise financière de 2008, puis la crise sanitaire de 2020, qui s'est doublée d'une crise économique.

Toute crise se traduit d'abord par une chute brutale d'un indicateur qui peut être, par exemple, un niveau de revenus ou un nombre d'emplois. À l'issue de cette chute, les différentes évolutions possibles peuvent être ramenées schématiquement à deux alternatives : effondrement ou rebond (Figure 2).

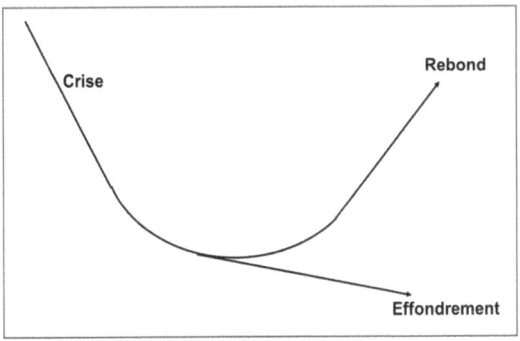

Figure 2 - Sortie de crise : effondrement ou rebond

Comme on l'observe dans le cas de la crise sanitaire actuelle, les conséquences sont ressenties autant au niveau personnel qu'au niveau collectif (entreprises, institutions, nations).

L'effondrement se produit lorsque l'individualité concernée (personne ou société) est incapable de prendre les décisions qui lui permettraient de rebondir à l'issue de la crise.

Un rebond, plus ou moins marqué, n'est possible qu'en s'adaptant aux nouvelles conditions créées par la crise. Ceci suppose de rechercher et comprendre les raisons profondes qui l'ont fait naître. Elle peut devenir ainsi une opportunité pour opérer des changements qui ne pouvaient être envisagés dans des circonstances plus ordinaires, en sortant du monde plat et en retrouvant une vision d'avenir.

Les voies à suivre pour aller vers une société du sens se déploient selon les deux axes de l'*intériorité* et du *lien social*.
Elles font l'objet des parties II (L'intériorité créatrice) et III (La conscience collective).

II – L'intériorité créatrice

4 - L'ouverture intérieure

Le besoin de spiritualité

Le matérialisme se réfère en priorité au monde extérieur et aux seules valeurs qui sont jugées tangibles, à savoir le confort, la richesse ou le pouvoir.
Cette attitude prévaut au sein de la société de consommation actuelle, dans laquelle chacun est supposé vouloir à tout moment maximiser *l'utilité*, c'est-à-dire le profit ou l'agrément qu'il retire de ses choix. Notre civilisation est sans doute la première civilisation profane de l'Histoire, même si certains dirigeants aiment afficher une foi religieuse qui reste le plus souvent de pure façade[133].

La priorité attribuée aux valeurs matérielles mène inévitablement au déclin. D'après le sociologue Pitirim Sorokin[134], à une première phase *active* marquée par une volonté de construction et de transformation du monde extérieur succède une deuxième phase *passive*, au cours de laquelle prédominent l'hédonisme et

---

[133] Jean Bouchart d'Orval, *Civilisation profane*, Éditions Almora, 2020.
[134] Pitirim Sorokin, *Social & Cultural Dynamics – A Study of Change in Major Systems of Art, Truth, Ethics, Law and Social Relationships*, 1937 (vol. 1-3), 1942 (vol.4), rev. 1957, Transaction Publishers, 2010.

le désir de jouir des plaisirs de la vie, dont le personnage de Don Juan est la figure emblématique.

L'hédonisme conduit à la frustration et au cynisme. C'est alors qu'apparaissent les signes de désagrégation sociale qui marquent le début de la décadence effective. Le pouvoir cherche à se maintenir en place en faisant appel à l'hypocrisie et au mensonge, mais il perd sa légitimité et son autorité. Il doit faire face à des oppositions de plus en plus violentes. Sa chute débouche dans les cas les plus favorables sur une phase de renouveau, mais conduit le plus souvent au chaos et à l'anarchie.

À rebours du plaisir matérialiste, le bonheur peut être recherché dans l'épanouissement intérieur, comme l'ont préconisé d'éminents penseurs, parmi lesquels Épicure, Montaigne et Spinoza.

C'est en suivant cette voie qu'un bonheur authentique serait atteint. Le bonheur du sage est le « bonheur vrai », par opposition aux « semblants de bonheur » que procurent le divertissement, la consommation de drogues et d'alcool ou une sexualité débridée[135]. Ce bonheur vrai est associé à la sérénité intérieure. Il se nourrit des liens d'estime et d'amitié. Il permet ainsi d'échapper au sentiment de vide et de désespoir, que suscitent les vicissitudes de la vie, comme en attestent les traditions les plus anciennes.[136]

---

[135] André Comte-Sponville, *Le bonheur désespérément*, Éditions 84, 2003.

[136] Bhagavad-Gîtâ *Le chant du bienheureux*, Texte intégral traduit du sanskrit par Émile Burnouf, Éditions Nataraj, 1861, réédité en 2008.

Dans les sociétés traditionnelles, le sentiment du sacré apporte un sentiment d'adhésion à la vie et un sens, en reliant l'être humain à une réalité plus grande que sa personne, à une source de transcendance.

Dans la société actuelle, ce sentiment du sacré tend à se perdre. Non seulement il a disparu chez ceux qui revendiquent une position matérialiste et athée, mais il n'est pas toujours présent, non plus, parmi ceux qui affichent leur adhésion à une religion, lorsqu'il s'agit d'une simple croyance transmise par l'éducation familiale. Là où l'appartenance à une religion n'est plus ressentie comme une obligation sociale, la part des croyants dans la population diminue et peut devenir très faible.

Ceux qui restent témoignent toutefois de convictions plus fortes que leurs prédécesseurs.

En outre, on observe un intérêt croissant pour toutes les formes de spiritualité, au-delà de toute appartenance à une religion particulière, y compris parmi certains agnostiques ou athées. Une attitude spirituelle, qui résulte dans sa forme la plus authentique d'une inspiration intérieure, se manifeste à travers la rencontre d'un esprit échappant à la matière ou le sentiment d'une union à Dieu.

Les valeurs spirituelles s'étendent au-delà de la pensée religieuse ou mystique. L'artiste, qui se consacre à son œuvre avec toutes les forces de son être, se dédie également à une forme de transcendance. De tout temps, l'Art a transmis un message d'ordre spirituel. Bien que n'étant pas croyant, André Malraux estimait que « le seul domaine où le divin soit visible est l'art[137] ». L'art est alors conçu comme un moyen d'atteindre l'intemporel, en surmontant la mort et l'impermanence de toutes choses.

La prédominance déjà ancienne de la vision matérialiste pourrait laisser penser qu'il s'agit là d'un aboutissement définitif. En fait, tout au long de l'Histoire, les mentalités et les modes de pensée ont suivi de multiples alternances entre les deux pôles du matériel et du spirituel. Un retournement de la pensée est donc tout à fait envisageable et les indices d'un retour du spirituel sont nombreux.

La quête contemporaine de spiritualité prend différentes formes. L'une de ses expressions les plus actuelles concerne l'écologie. La volonté de préserver l'environnement suscite un véritable respect pour la nature et tous les êtres vivants.
La nature retrouve ainsi son caractère sacré, laissant présager de nouvelles formes d'animisme[138]. Le sentiment de transcendance et d'unité fusionnelle

---

[137] André Malraux, *La métamorphose des dieux*, NRF, La Galerie de la Pléiade, 1957.
[138] Croyance en un esprit, une force vitale, qui anime les êtres vivants, les objets, mais aussi les éléments naturels comme les pierres ou le vent, ainsi que les génies protecteurs.

qu'elle inspire a été qualifié d'*océanique* par Romain Rolland dans sa correspondance avec Freud[139]. Au moment où il écrivait à Freud, Romain Rolland travaillait sur l'Inde et il était familier du concept de non-dualité atman/brahman, souvent représenté par l'image vague/océan.

Cette perception de la nature marque l'apparition d'une nouvelle sensibilité, qui transforme le comportement social. On peut même y voir l'émergence d'une religion menant à un culte.

D'autres formes de spiritualité se développent en réponse au besoin d'épanouissement personnel et d'harmonie intérieure. Elles recouvrent des convictions diverses et des niveaux d'engagement très différents. L'aspiration à la beauté qui anime l'artiste témoigne aussi d'un besoin de spiritualité.

Le sentiment de beauté est d'abord suscité par la nature. L'art constitue un moyen privilégié pour l'exprimer, mais ce n'est pas le seul. Ainsi, une formule mathématique peut être ressentie comme belle lorsqu'elle exprime un concept mathématique abstrait avec élégance, c'est-à-dire avec rigueur et concision.

Kandinsky considérait que la mission de la peinture est de contribuer à « la création déjà commencée du

---

[139] R. Rolland, Lettre à Freud du 5 décembre 1927 citée par H. Vermorel et M. Vermorel, *Sigmund Freud et Romain Rolland. Correspondance 1923-1936*, Presses Universitaires de France, 1993.

nouveau Royaume spirituel[140] ». Malheureusement, dans la société de consommation contemporaine, l'œuvre d'art est devenue une marchandise et un objet de spéculation, qui est loin de remplir une vocation spirituelle. De ce fait, l'art contemporain a souvent dérivé vers le décoratif et le non-sens, au gré des spéculations financières dont il a fait l'objet. Il existe bien sûr de notables exceptions, notamment dans le domaine de la musique, qui, de tout temps, a cherché à exprimer une réalité intérieure[141]. Toutefois, les artistes qui ne répondent pas à la demande du Marché restent le plus souvent méconnus.

La science actuelle ne représente plus, comme avant, un obstacle à la spiritualité. De nombreux scientifiques ont admis l'existence d'un Principe, à l'origine de la cohérence du monde, qu'ils désignent sous le nom de Dieu.
Une telle attitude était celle d'Einstein lorsqu'il disait que « Dieu ne joue pas aux dés ». Cependant, le Dieu d'Einstein est très différent de celui de la Bible. C'est un Dieu cosmique, qui reste impersonnel et indifférent à l'Homme. La vision panthéiste d'Einstein rejoint celle de Spinoza, pour qui Dieu est infini, éternel et se confond avec la Nature.
D'après l'astronome Trinh Xuan Thuan, pour « accéder à la réalité ultime, nous avons besoin de faire appel à

---

[140] Wassily Kandinsky, *Du Spirituel dans l'art, et dans la peinture en particulier*, 1954, Folios Essais, Denoël, 1989.
[141] Parmi les artistes contemporains, on peut citer notamment le compositeur John Tavener.

d'autres modes de connaissance que la pensée purement rationnelle, comme l'intuition mystique ou spirituelle, tout en restant informés et illuminés par les découvertes de la science moderne[142] ».

Le mouvement du *New Age* a recherché dans la science contemporaine des sources d'inspiration pour de nouvelles formes de spiritualité, en rapprochant fréquemment les concepts de la physique contemporaine et notamment de la mécanique quantique des pensées orientales anciennes[143]. Bien que le *New Age* se soit souvent engagé dans des voies pseudo-scientifiques par manque de rigueur ou même de connaissances, les pistes de réflexion explorées par Ken Wilber, visant à concilier philosophie et spiritualité[144], ou par Stanislav Grof[145], qui s'appuie sur la psychologie des profondeurs pour fonder une vision *transpersonnelle*, témoignent d'une attente et d'un besoin.

---

[142] Trinh Xuan Thuan, préface à l'ouvrage de Jean Staune, *Notre existence a-t-elle un sens – Une enquête scientifique et philosophique*, Presses de la Renaissance, 2007.
[143] Fritjof Capra, *The Tao of Physics: An Exploration of the Parallels between Modern Physics and Eastern Mysticism*, 1975, *Le Tao de la Physique*, J'ai Lu, 2018.
[144] Ken Wilber, *Eye to Eye – The Quest for the New Paradigm*, 1983, *Les trois yeux de la connaissance*, Éditions du Rocher, 1987, Almora, 2013.
[145] Stanislav Grof, *The Cosmic Game: Explorations of the Frontiers of Human Consciousness*, 1998, *Le Jeu cosmique*, Éditions du Rocher, 2004.

Il est possible de trouver dans la science de nouvelles sources d'inspiration, sans renoncer à la rigueur. La vision d'un monde réenchanté, qui émerge des découvertes scientifiques récentes, s'écarte en effet de la conception réductionniste qui prévalait jusqu'à une date récente[146].

Elle nous renvoie à un espace courbe doté de dimensions multiples, à un vide rempli d'énergie, fluctuant et vibrant, à un cosmos peuplé de champs divers et parcouru par des ondes multiples mais invisibles, à un Univers qui est sans doute vivant et peut-être même conscient.

Le retournement culturel

Dans une société du sens, les valeurs immatérielles prévalent sur la frénésie de consommation. La priorité attribuée aux valeurs culturelles, littéraires et artistiques, l'intérêt porté à l'acquisition de connaissances, la volonté d'accéder à une forme de sagesse se substituent à la consommation de biens matériels et à l'étalage ostentatoire de richesses. On constate dès à présent que pour les nouvelles générations, une vie réussie ne s'accomplit pas nécessairement à travers un plan de carrière ou l'acquisition de toujours plus de richesses.

---

[146] Ilya Prigogine et Isabelle Stengers, *La Nouvelle Alliance*, Gallimard, 1986.

La culture conditionne notre vision du monde et notre conception de ce qui est juste et bon[147]. Pour fonder son action, une société a besoin de valeurs universelles qui puissent rassembler les individus. Toutefois, contrairement aux connaissances scientifiques et techniques, les valeurs morales ne suivent pas un progrès continu dans le temps.
Il serait donc utopique et même dangereux d'espérer découvrir dans l'avenir une sagesse entièrement nouvelle par un processus d'innovation similaire à celui qui est suivi dans le domaine technique. La reconstruction d'un système de valeurs passe plutôt par la redécouverte de celles qui avaient été déjà explorées dans le passé, en les adaptant à de nouveaux besoins.

Sortir de la crise implique de faire prévaloir l'enrichissement intérieur sur l'enrichissement matériel, l'intérêt général sur les intérêts particuliers et de substituer à la culture du profit une *culture du sens*. C'est à partir d'un renouveau du sens qu'il sera possible de fonder une éthique authentique, vécue en profondeur et non simplement affichée en surface. Toutefois, pas plus que dans le domaine politique ou économique, il n'est possible de prévoir dès à présent les configurations culturelles qui prévaudront dans l'avenir. Les sources de renouveau seront multiples. Elles vont contribuer à modifier les attitudes adoptées face aux grands enjeux actuels.

---

[147] Alexandre Rojey, *La Réinvention du monde. Entre utopie et principe de réalité*, *op. cit.*

La redécouverte des anciennes cultures de pays qui avaient été dominés par l'Occident, comme l'Inde, la Chine ou les pays africains, pourrait aider à sortir des schémas nihilistes actuels. La littérature, la musique et l'art plastique peuvent y puiser de nouvelles sources d'inspiration et des formes d'expression capables de contribuer à un renouveau du sens.

À tout moment, l'art contribue à renouveler la vision du monde et anticipe le monde de demain. C'est en puisant aux sources de l'imaginaire et du symbolique, loin de toute affirmation dogmatique, que l'art pourra contribuer à la construction d'une culture du sens. Au Japon, l'arc, compagnon de survie à la chasse comme à la guerre, devint après la Seconde Guerre mondiale une ascèse et une philosophie, progressivement métamorphosé en art consacré à la réalisation spirituelle. Le Kyudo, associant la beauté du geste, la purification, la concentration mentale, le non-ego et l'esprit de vérité, est devenu un art d'éveil et d'harmonie.

Un renouveau spirituel nécessite un mouvement intérieur. La découverte de l'espace intérieur, ainsi que les expériences vécues de pleine conscience peuvent apporter une base commune à ces quêtes spirituelles, qui s'ouvrent sur l'Esprit, le Soi, la Vacuité, sur Dieu selon les religions et les philosophies.

Un dialogue permanent entre cultures et religions devient indispensable pour éviter les incompréhensions et créer une cohérence. En outre, c'est sans doute là le meilleur moyen pour éviter les dogmatismes et les intégrismes, générateurs d'intolérance et de violence.

Le regard intérieur

La pensée contemporaine est dirigée en priorité vers le monde extérieur, vers des objets matériels à saisir et à exploiter, qu'elle scrute et analyse.

Pour chacun de nous, ce monde extérieur n'est pourtant pas le seul à explorer. La psyché humaine se situe entre deux mondes et deux espaces. Exploré et étudié de façon approfondie par la science, le monde extérieur, situé dans l'espace-temps-matière, est souvent considéré comme la seule réalité qui existe. Toutefois, à l'intérieur de soi, existe également un monde intérieur, un monde sensible et subjectif, qui se déploie dans un autre espace, celui de la présence[148]. Le terme de présence s'applique à un état de disponibilité totale de la conscience, qui lui permet d'échapper à tout mode figé de représentation. La présence représente la partie la plus élevée de l'esprit humain, celle qui relie la personne à une transcendance de nature divine. Dans cet espace, que Viktor Frankl avait désigné par le terme de *noesis,* siègent la sensibilité humaine, le ressenti de la beauté, l'amour, la compassion, le sentiment d'exister. La nature de cet espace reste inconnue et peut-être inaccessible à jamais.

Tandis que le monde extérieur est peuplé d'objets multiples et divers, le monde intérieur perçoit les objets extérieurs sous forme de multiples représenta-

---

[148] Alexandre Rojey, *À la recherche de la conscience perdue – La Présence et l'Ouvert*, Éditions Accarias l'Originel, 2020.

tions, mais la présence, située au plus profond de cette intériorité, est *une*. Le monde contemporain, à la poursuite incessante de tout ce qui peut être exploité avec profit, s'est tourné vers la multiplicité et a ainsi oublié l'unité fondamentale du monde intérieur, qui seul peut rapprocher les êtres.

Vue de l'extérieur, une personne désignée sur le schéma de la figure 3 par la lettre A apparaît comme un corps matériel d'extension limitée et d'apparence d'autant plus réduite que l'on s'en écarte.
Tourner le regard vers l'intérieur de soi permet de découvrir l'immensité intérieure[149]. Plonger vers la conscience profonde, en se détachant des pensées parasites, conduit à élargir le faisceau de présence, comme cela est schématisé sur la figure 3.

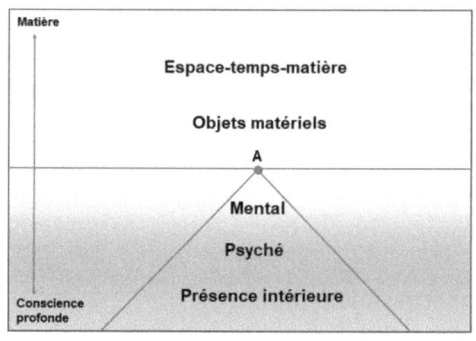

Figure 3 – La psyché, entre espace matériel et présence intérieure

---

[149] Douglas E. Harding, *L'immensité intérieure – Redécouvrir notre nature originelle*, Éditions Accarias L'Originel, 2002.

La psyché humaine se situe entre les deux mondes du cérébral et du matériel d'une part, de la conscience profonde et de la présence d'autre part.

Se connaître soi-même, *Gnothi seauton* (Γνῶθι σεαυτόν[150]), selon la maxime qui était gravée à l'entrée du temple de Delphes, c'est identifier la conscience intérieure comme l'instance de la vérité. C'est la voie qu'a suivie Socrate et c'est la raison pour laquelle il a tant marqué l'Histoire de la philosophie.

Dans l'expérience immédiate et subjective, l'état de présence et d'ouverture au monde, par lequel la conscience se manifeste, la distingue radicalement des objets qu'elle perçoit. Bien qu'étant associée au cerveau, elle ne s'identifie pas, du moins pas entièrement, au mental, auquel elle est reliée d'une façon qui demeure dans une très large mesure inconnue à ce jour.

La pensée humaine résulte de l'entrelacement entre le monde cérébral et la présence. C'est ce lien à la présence qui rend la pensée humaine unique et si radicalement différente de l'intelligence artificielle.

L'impossibilité d'expliquer la nature de la conscience a conduit certains scientifiques à lui dénier toute réalité effective. Pour le neurobiologiste Jean-Pierre Changeux, comme n'importe quel état mental, la conscience s'explique par le fonctionnement du réseau neuronal formé par le cerveau. Cette conception

---

[150] Tr. : « *Connais-toi toi-même.* »

d'une *conscience neuronale*[151] a été reprise et développée par différents spécialistes des neurosciences dont les théories reviennent en fait, non à expliquer la conscience, mais à en nier l'existence.

La conscience est perçue comme une illusion, une sorte de *tour de magie*[152]. Dès lors, toute tentative de concevoir une nature spécifique de la conscience est assimilée au dualisme qu'avait admis Descartes, du corps matériel et de l'âme, siège de la pensée. Antonio Damasio évoque à ce sujet « l'erreur de Descartes[153] ». Rejeter un tel dualisme ne suffit pas pour autant à expliquer l'existence d'un sujet capable de souffrir et d'aimer.

On a également tenté d'expliquer la nature de la conscience par des effets quantiques qui se manifesteraient à une échelle macroscopique. Le physicien britannique Roger Penrose a même proposé de les localiser dans les microtubules situés à l'intérieur des liaisons intersynaptiques du cerveau[154]. Ces tentatives d'explication, qui n'ont toujours pas été validées à ce stade par la communauté scientifique,

---

[151] Jean-Pierre Changeux, *L'homme neuronal*, Fayard, 1983.

[152] Daniel C. Dennett, *Consciousness Explained*, 1992, *La Conscience expliquée*, Odile Jacob, 1993.

[153] Antonio R. Damasio, *Descartes' Error: Emotion, Reason and Human Brain*, 2006, *L'erreur de Descartes : La raison des émotions*, Odile Jacob, 2010.

[154] Roger Penrose, *Shadows of the Mind: A Search for the Missing Science of Consciousness*, 1994, *Les ombres de l'esprit – À la recherche d'une science de la conscience*, Dunod InterEditions, 1995.

présentent le mérite d'en reconnaître le caractère spécifique, mais ne peuvent nous éclairer sur sa nature même.

Selon l'universitaire australien David Chalmers, la conscience présente un caractère irréductible, distinct des catégories habituelles du monde physique, telles que l'espace, le temps, la matière et l'énergie. Il serait donc vain d'en chercher une explication dans les théories physiques actuelles[155].
Chacun de nous peut sentir que la subjectivité ne se ramène à aucun des phénomènes physiques qui régissent le monde extérieur. Seul un *regard intérieur* permet de l'explorer.

Suivre la *voie de l'intériorité* permet d'accéder à une dimension spirituelle. Selon le Vedanta, la Conscience constitue la réalité primordiale. Le sujet qui se tourne vers l'intérieur de lui-même découvre son âme consciente ou *atman*, qui se confond avec l'Absolu ou *brahman*[156]. Le *Je* ainsi perçu anime l'Univers tout entier. Il est identifié au *Soi*, qui désigne l'Âme universelle.

La découverte de cette dimension intérieure introduit une distinction radicale entre un être humain et

---

[155] David Chalmers, *The Conscious Mind: In Search of a Fundamental Theory*, Oxford University Press, 1995.
[156] Swami Satcidanendra Sarasvati, *Doctrine et Méthode de l'Advaita Vedanta*, Collection Théoria, l'Harmattan, 2020.

une machine. Admettre qu'une forme de conscience est présente à des degrés divers chez tous les êtres vivants impose le respect vis-à-vis des animaux qui partagent avec les êtres humains une sensibilité à la joie et à la souffrance.

Le retournement du regard vers l'intérieur de soi permet de puiser dans cette intériorité un sens à donner à son existence. L'Être profond, associant immanence et transcendance, se situe en ce lieu, désigné par de nombreuses métaphores, telles que la « citadelle intérieure[157] » ou le « château intérieur[158] ».

Se référer à la conscience profonde permet ainsi de retrouver une dimension verticale, suivant une démarche qui échappe à tout dogmatisme et reste compatible avec la diversité des croyances ou des opinions.
La présence s'ouvre sur une dimension transpersonnelle, l'Ouvert, dont il sera question ultérieurement. En particulier au chapitre 8 sera présentée la façon dont une conscience partagée est susceptible de se construire au sein de l'Ouvert.

La pleine conscience

La méditation est pratiquée sous différentes formes par toutes les grandes religions : l'hindouisme, qui

---

[157] Pierre Hadot, *La Citadelle intérieure : Introduction aux Pensées de Marc-Aurèle*, Fayard, 1992.
[158] Thérèse d'Avila, *Castillo interior, Le Château intérieur,* 1577.

l'associe au yoga, le bouddhisme, qui en a fait l'un de ses principaux moyens d'éveil, le christianisme, qui préconise la contemplation et la prière, l'Islam soufi, qui pratique la répétition rythmique du nom de Dieu (*dikhr*), des incantations ou des mouvements de danse.

En aidant à se défaire des pensées parasites, la méditation conduit à un état de *pleine conscience* qui est aussi un état de *présence*. Selon le bouddhisme, elle permet ainsi de découvrir la nature vide et impermanente de tous les phénomènes et de déraciner l'Ego. La méditation des quatre *établissements de l'Attention*, que le Bouddha lui-même aurait enseignée, consiste à prendre conscience successivement de son corps, de ses sensations, de ses sentiments et de ses pensées, afin de parvenir au détachement et même à l'éveil[159].

Pratiquer la respiration consciente « pour nous retrouver complètement et rencontrer la vie dans l'instant présent » constitue l'une des méthodes les plus couramment utilisées pour parvenir à la pleine conscience[160].

La méditation *vipassana* consiste à se comporter en témoin attentif de ses pensées sans se laisser accaparer par aucune d'entre elles, en les laissant flotter

---

[159] Walpola Rahula, *L'enseignement du Bouddha selon les textes les plus anciens*, Points Sagesse, 1961.
[160] Thich Nhat Hanh, *La sérénité dans l'instant – Paix et joie à chaque pas*, Éditions Dangles, 1992.

librement comme des nuages passant dans le ciel. La méditation de *pleine conscience*, qui en dérive, est utilisée par des médecins comme méthode thérapeutique, en dehors de toute référence religieuse, pour aider des patients en état de détresse psychique à dépasser leurs peurs et leur anxiété[161]. Chez des personnes en bonne santé, elle sert à lutter contre le stress et à retrouver la sérénité[162].

Le monde occidental découvre ainsi une notion de pleine conscience qui, en dépit de son caractère immédiat et sans doute même évident, lui a largement échappé jusqu'à présent, car sa nature même ne se prête pas au raisonnement purement logique.
Les méthodes de méditation de pleine conscience sont préconisées non seulement par des bouddhistes[163], mais aussi par des médecins, tels que Jon Kabat-Zinn[164], qui ont pu constater leur efficacité dans la gestion du stress et de la souffrance physique.
Libérer l'esprit des pensées vagabondes qui l'envahissent aide également à prendre du recul pour s'engager dans une voie nouvelle.

---

[161] Jon Kabat-Zinn, *Wherever You Go, There You Are. Mindfulness Meditation in Everyday Life*, 1994 ; *Où tu vas, tu es. Apprendre à méditer en tous lieux et toutes circonstances*, Jean-Claude Lattès, 1996.
[162] Christophe André, *Méditer jour après jour – 25 leçons pour vivre en pleine conscience,* L'iconoclaste, Paris, 2011.
[163] Matthieu Ricard, *L'art de la méditation – Pourquoi méditer ? Sur quoi ? Comment ?* NiL Éditions, 2008.
[164] Jon Kabat-Zinn, *Wherever You Go, There You Are*, *op. cit.*

Le besoin de changer de rythme de vie, de fuir la précipitation contemporaine est de plus en plus répandu. Il conduit à vouloir ralentir le rythme de vie afin de pouvoir mieux apprécier chaque moment. C'est ce que préconise notamment dans le domaine de l'alimentation le mouvement *slow food*, créé en Italie, mais qui a essaimé dans le monde entier[165].

Se libérer de toute agitation intérieure, cultiver le silence, éviter les propos inutiles font partie des attitudes qui aident à atteindre davantage de sérénité. Une telle façon de vivre correspond à une forme de méditation.

Cette pratique peut être étendue à tous les gestes de la vie quotidienne, en faisant preuve d'attention à chacun d'entre eux, sans se laisser envahir par les pensées incessantes qui jaillissent du mental.

La pleine conscience se révèle non seulement en plongeant à l'intérieur de soi, mais aussi en contemplant la nature, les cimes des montagnes, la profondeur des forêts ou l'étendue de la mer. Elle se découvre à travers le regard des autres, celui d'un enfant, d'un vieillard ou de la personne aimée. Pour la percevoir, il est nécessaire d'interrompre le fil des occupations quotidiennes, de se déprendre des distractions et des préoccupations qui viennent encombrer le mental.

---

[165] Carlo Petrini, *Libérez le goût*, Libre et Solidaire, 2015.

La voix de la conscience est aussi une « voix de sagesse[166] ». Lui prêter l'oreille permet de s'affranchir des réactions superficielles, liées à la vanité et au désir de plaire, en s'interrogeant sur les motivations profondes qui justifient un choix plutôt qu'un autre. Plonger au plus profond de soi permet alors d'agir en toute sérénité, en échappant aux diverses formes de conditionnement.

Le rôle de l'éducation

Une transformation collective de la vision du monde ne sera possible qu'en mettant en œuvre un système d'éducation capable de répondre aux enjeux et aux besoins de la société.
Instaurer une société du sens passe clairement avant tout par des méthodes d'éducation appropriées. C'est en sensibilisant les plus jeunes qu'il est possible de changer de modèle de société.

Pour y parvenir, l'un des tout premiers impératifs consiste à étendre l'éducation à l'échelle de la planète afin que l'ensemble de la population humaine puisse accéder aux connaissances de base indispensables.
 En France, la scolarisation des enfants est déjà ancienne. Précédant Jules Ferry, François Guizot, en son temps, avait déployé un grand ministère de l'Ins-

---

[166] Sébastien Henry, *Ensemble – Agir pour soi et pour les autres*, Éditions Les Arènes, 2018.

truction publique suite au rétablissement dans l'Institut de la classe des sciences morales et politiques fondée en 1795 par la Convention supprimée en 1803 par Napoléon, alors Premier consul[167].

À l'échelle du monde, les progrès sensibles qui ont été réalisés sont plus récents. La proportion d'analphabètes dans le monde diminue régulièrement. Elle est descendue de 40 % en 1970 à environ 14 % en 2016[168]. Il existe encore une inégalité assez marquée entre les hommes, dont le taux d'alphabétisation atteint 90 %, et les femmes, pour lesquelles il est plus bas.

Dans l'avenir, de nouveaux progrès devraient pouvoir être réalisés grâce aux technologies numériques, qui permettent d'assurer partout dans le monde un enseignement à distance interactif, en fournissant à chaque élève une assistance personnalisée.

Les progrès des neurosciences ouvrent également des perspectives prometteuses. Dans un ouvrage intitulé *Apprendre*, le chercheur en neurosciences Stanislas Dehaene, président du conseil scientifique de l'Éducation nationale, a présenté un bilan des progrès réalisés, pour comprendre le processus d'apprentissage, le fonctionnement de la mémoire, le rôle de l'attention et l'importance du sommeil[169].

---

[167] M. Guizot, *Mémoires pour servir à l'histoire de mon temps, Tome 3* – Leipzig, 1860.
[168] Source : UNESCO.
[169] Stanislas Dehaene, *Apprendre ! Les talents du cerveau, le défi des machines*, Odile Jacob, 2018.

Outre l'attention, qui est la première condition d'assimilation d'une notion, il faut prendre en compte, selon lui, l'engagement actif ou curiosité qui pousse à effectuer de nouvelles découvertes ainsi que le retour sur erreur et la consolidation.

Il serait toutefois illusoire de penser que les neurosciences apportent, à elles seules, la solution au problème de l'éducation, qui relève avant tout du contexte social.

Pour pouvoir s'adapter à une transformation de la vision du monde, le système d'enseignement doit être lui-même capable d'évoluer. À cette fin, il doit se montrer souple et ouvert aux influences extérieures, ainsi qu'aux questions relatives aux valeurs et à l'éthique.

L'ouverture aux autres cultures présentes dans le monde représente une façon d'accéder à une meilleure compréhension du reste de l'humanité, mais aussi de stimuler la créativité et de générer de nouvelles idées[170]. Ouvrir davantage l'école aux représentants de différents milieux professionnels ou culturels, pour qu'ils témoignent de leur expérience, est aussi une façon d'élargir l'horizon mental des élèves.

Pour favoriser l'ouverture intellectuelle, des méthodes d'enseignement actives et diversifiées, laissant la possibilité de mener des expériences éducatives, sont

---

[170] Jeanine Sauvanon, *Femmes du Moyen Âge*, Éditions Houvet, 1998.

préférables à des programmes trop uniformes et à un découpage rigide en disciplines étanches.

L'éducation n'a pas comme seul but la transmission de connaissances, mais doit aussi contribuer à la formation de la personnalité. Ceci suppose que l'élève ne soit pas traité en consommateur passif, mais soit considéré comme une *personne* active et responsable. Une relation personnelle entre l'enseignant et l'élève est nécessaire pour y parvenir.
Différents programmes éducatifs ont été créés pour aider au développement de la personnalité. Intégrer des pratiques de pleine conscience dans les méthodes d'éducation permet d'encourager les plus jeunes à adopter, dès l'enfance, des attitudes de calme intérieur et d'attention à leurs gestes. La pratique de la méditation et du yoga, étendue aux plus jeunes, aide les enfants à acquérir calme et sérénité, facilitant l'acquisition d'un enseignement respectant leur personnalité[171]. La créativité peut être enseignée et stimulée, alors que bien souvent, c'est le conformisme qui est encouragé.

De même, il est souhaitable d'inculquer aux élèves le goût du travail en équipe, de l'intelligence collective et de l'empathie, plutôt que les entraîner sans relâche à une compétition permanente. L'éducation par l'exemple et la présentation de situations concrètes sont pré-

---

[171] Eline Snel, *Calme et attentif comme une grenouille*, Les Arènes, 2017.

férables à l'introduction de notions abstraites. Dans le chapitre 8 seront présentées des méthodes visant à développer l'empathie et le lien social par l'implication des élèves dans des situations concrètes.

L'enseignement a aussi comme rôle d'inculquer à l'élève la meilleure façon de vivre en société. À cet égard, la coupure actuelle entre activités intellectuelles et manuelles, théorie et pratique, paraît dramatique.

Bien que l'émulation entre élèves induite par le processus de sélection ne puisse sans doute pas être totalement évitée, l'enseignement devra cependant, davantage qu'à présent, favoriser le travail en équipe, ainsi que l'apprentissage de relations harmonieuses avec la collectivité humaine et la nature[172].

Dans un monde en mutation, il ne s'agit plus de transmettre un ensemble fermé d'informations et de connaissances, mais d'enseigner des méthodes de travail, ainsi que la façon d'apprendre par soi-même dans des situations nouvelles. Plus qu'un savoir, l'école doit fournir des méthodes pour apprendre à travailler. Elle doit donner goût à la curiosité et à la volonté de savoir.

---

[172] Ingrid Pramling Samuelsson et Yoshie Kaga, *Un enseignement dès le plus jeune âge suit la voie du développement durable* dans *Comment sortir de la société de consommation – L'état de la planète* par le Worldwatch Institute, Éditions de la Martinière, 2011 (*State of the world*, 2010).

L'enseignement s'est souvent servi de questions fermées qui n'admettent qu'une réponse et une seule. Les réponses à de telles questions sont faciles à évaluer, mais cette façon de procéder n'habitue guère les élèves à faire face aux complexités du monde contemporain.

Il est certainement bien préférable d'enseigner le sens de l'initiative et le goût d'entreprendre, en faisant participer les élèves à des projets ouverts, pour qu'ils soient confrontés à des choix et à des décisions, comme ce sera le cas plus tard, dans la vie réelle.

Les méthodes d'enseignements vont se diversifier de façon à mieux répondre aux besoins individuels, tout au cours de la vie. Elles feront appel aux différentes méthodes d'enseignement à distance, d'enseignement assisté par ordinateur, ainsi que d'apprentissage coopératif avec des étudiants du monde entier que les technologies numériques mettent à la disposition des enseignants et des élèves.

Dans l'avenir, travail et formation vont constituer des activités imbriquées tout au long de la vie professionnelle, un nombre croissant de tâches nécessitant un apprentissage et des connaissances spécifiques, qui ne pourront être acquises qu'au moment où elles sont effectivement engagées.

Il sera nécessaire d'organiser l'enseignement de manière plus souple, afin de fournir à chacun la formation qui puisse correspondre au mieux à son profil et à ses choix. Les technologies numériques facilitent cette acquisition de savoirs en dehors du cadre formel d'une salle de classe, ce qui pourrait conduire à de nouvelles formes d'enseignement en dehors de l'école, comme le préconisait Ivan Illich[173].

Dans un monde changeant, le savoir ne peut plus être acquis une fois pour toutes. Pour préparer une société capable de mieux aborder les problèmes de demain, il est nécessaire de lutter contre les excès de la spécialisation, en aidant les élèves à acquérir une vision d'ensemble. Il faut pour cela un enseignement pluridisciplinaire, développant la curiosité et l'ouverture d'esprit.

La connaissance du passé et le travail de mémoire demeurent indispensables. Pour 92 % des jeunes âgés de 18 à 21 ans aux États-Unis, la Première Guerre mondiale reste méconnue, la crise économique de 1929 n'éveille aucun écho.

Pour progresser, la motivation est essentielle. Un élève actif, capable de prendre des initiatives est capable d'obtenir de bien meilleurs résultats qu'un élève passif, auquel on demande d'ingurgiter un savoir préconditionné. Apprendre aux élèves à prendre des initiatives et à créer, c'est aussi une façon de mieux les préparer à leur futur rôle dans une société au sein de laquelle ils devront savoir s'adapter, évoluer, agir.

Il est évidemment essentiel de tenir compte de la psychologie des enfants et des jeunes adultes pour

---

[173] Ivan Illich, *Une société sans école*, Points Essais, Seuil, 2008.

parvenir à les mettre en confiance vis-à-vis de l'enseignant, ainsi que vis-à-vis de leurs propres capacités. Ceci signifie que les méthodes utilisées doivent être adaptées au profil des élèves.

Trop souvent, les méthodes d'éducation privilégient la discipline et la contrainte aux dépens de la motivation et de la créativité. En France, la centralisation du système d'éducation public rend difficile l'expérimentation de méthodes alternatives, en raison de l'uniformité qu'elle impose.

Des méthodes de pédagogie alternatives, développées notamment par Freinet et Montessori au début du XXe siècle, ont pourtant démontré tout l'intérêt que présente un enseignement qui s'adapte au tempérament et aux rythmes d'un enfant. Ainsi, la méthode Montessori, qui accorde une grande part au jeu, favorise la créativité et le sens de l'initiative des enfants en utilisant des outils pédagogiques adaptés à leur stade d'évolution[174].
Le travail et l'apprentissage autonomes, la communauté de vie, la communication et la place retrouvée de la fête font partie des principes retenus par la pédagogie Iéna[175].

---

[174] Charlotte Poussin, *La pédagogie Montessori*, Presses Universitaires de France, coll. « Que sais-je ? », 2017.
[175] Kuppens, G., *Emile ou l'école retrouvée – L'idée pédagogique du Plan d'Iéna*, Belgique, Erasme, 1992.

Tout un courant pédagogique, qualifié « d'éducation nouvelle », préconise une participation active et une plus grande autonomie des élèves, le travail en équipe, ainsi que l'apprentissage par la pratique (*learning by doing*).

Les méthodes actives se sont largement répandues dans le monde. En Europe, elles sont surtout présentes en Allemagne ainsi qu'en Finlande, où a été mis en place, à l'université polytechnique de Jyväskylä, un programme d'éducation pour apprendre à créer une entreprise et la rendre opérationnelle[176].

Ces méthodes d'éducation pourraient jouer un rôle déterminant dans la formation des nouvelles générations, en les rendant plus sensibles, plus ouvertes et plus créatives que celles qui les ont précédées. C'est sans doute le plus grand espoir que l'on puisse formuler.

La pensée inspirée

Les progrès de la science constituent l'un des principaux atouts dont dispose l'humanité pour surmonter les défis auxquels elle est confrontée.

Toutefois, la science et la raison ne suffisent pas pour préserver l'être humain de ses propres débordements, comme l'a amplement démontré le siècle qui

---

[176] Paul Robert, *La Finlande : un modèle éducatif pour la France ? Les secrets de la réussite*, ESF Éditeur, 2008.

vient de s'écouler. Pour bâtir une nouvelle civilisation, il lui faudra faire preuve non seulement d'une raison, capable de discriminer le vrai du faux, mais aussi d'une sensibilité ouverte aux dimensions de l'âme.
Si elle veut pouvoir retrouver un sens, la société future aura besoin de valeurs fondées sur une compréhension de la vie et de la conscience humaine qui soit élargie à une échelle planétaire.

Depuis qu'il a été possible de concevoir et de réaliser des formes d'intelligence artificielle, la raison, tout au moins dans son acception étroite de raison logique, ne suffit plus à fonder la dignité humaine.
Les sociétés anciennes avaient pris la pleine mesure de la signification de la conscience humaine. L'hindouisme avait reconnu dans la conscience le principe premier de toutes choses[177]. La pensée occidentale a largement ignoré cette réalité intérieure, en attribuant la primauté à la raison, assimilée à l'intelligence.
Tandis que la Raison des anciens Grecs, puis des Lumières, était encore une Raison divine éclairée par la conscience, à l'époque moderne, elle est devenue progressivement une raison calculatrice, de plus en plus séparée de toute forme de sensibilité.

---

[177] La conscience étant reliée au principe divin à travers l'identité Atman/Brahman selon la formule fameuse : *Tu es Cela* (*tat tvam asi*) de la Chandogya Upanishad – Voir notamment : Mircea Eliade, *Histoire des croyances et des idées religieuses*, Payot, 1976, Tome I, p.255.

À présent, une logique mécanique et une *pensée digitale* prennent le dessus et déshumanisent la société. De plus en plus formatée par les machines, la société, elle-même s'est transformée en une *mégamachine*[178] destructrice de l'environnement et génératrice d'oppression[179].

Une vision élargie, englobant aussi bien le monde intérieur de la subjectivité que le monde matériel, est susceptible d'être largement partagée, car elle reste compatible avec les différentes convictions religieuses ou philosophiques. C'est en renouant les liens épars de la science, de la pensée, de l'art et de la spiritualité qu'une nouvelle culture porteuse de sens pourra émerger.

Grâce aux moyens de communication actuels, il est devenu facile d'accéder aux plus grands écrivains et poètes de tous les temps et de tous les pays. Il est désormais possible de découvrir l'unité fondamentale de la pensée, en s'inspirant de l'ensemble des cultures mondiales.
Comme jamais auparavant, l'héritage de toutes les sagesses du passé devient accessible, les enseignements de Tchouang-Tseu ou de Rûmi, aussi bien que

---

[178] Serge Latouche, *La Mégamachine*, La Découverte ; éd. act., 2004.
[179] Fabian Scheidler, *The End of the Megamachine: A Brief History of a Failing Civilization*, 2015; *La Fin de la mégamachine. Sur les traces d'une société en voie d'effondrement*, Le Seuil, 2020.

ceux de Platon. S'inspirant de toutes ces cultures, l'humanité peut s'ouvrir à un universalisme transculturel respectueux de leur diversité.

Le philosophe François Jullien a montré comment un détour par la pensée chinoise peut aider à mieux comprendre les concepts hérités de la Grèce. Sans qu'il soit nécessaire de renoncer à notre vision du monde, il devient possible, à partir d'un dialogue entre des pensées différentes, d'imaginer de nouvelles voies de réflexions[180].

Vouloir imposer nos conceptions à l'ensemble de l'humanité est la cause de conflits sans fin. Le dialogue des cultures est clairement préférable au droit d'ingérence. L'humiliation que suscite l'ingérence dans les pays où elle intervient conduit à une attitude de frustration et de ressentiment. Elle mène au choc des civilisations évoqué par Huntington[181]. À condition de mener une politique d'ouverture et d'entente, ces affrontements ne sont pas inévitables.

La mondialisation facilite la rencontre entre différentes cultures, qu'elles soient européennes, américaines, africaines ou asiatiques, qui se croisent, se confrontent et parfois fusionnent en modèles de

---

[180] François Jullien, *La philosophie inquiétée par la pensée chinoise*, Seuil, 2009.
[181] Samuel Huntington, *The Clash of Civilizations and the Remaking of World Order*, 1996, *Le choc des civilisations*, Odile Jacob, Paris, 2007.

représentation hybrides[182]. Seul un universalisme transculturel, capable de relier les différentes cultures et d'en tirer des valeurs communes, est capable d'aider l'ensemble de l'humanité à progresser.

Les rencontres entre différentes cultures, la facilité de diffusion de diverses sources d'information à l'aide des technologies numériques favorisent différentes formes de syncrétisme, ainsi que l'émergence d'une pensée harmonieuse, riche en promesses, associant les apports culturels de l'Orient et de l'Occident[183].

Préserver la diversité culturelle à travers un dialogue entre les cultures et les civilisations est la condition à respecter pour éviter l'appauvrissement irréversible que constituerait la généralisation d'une culture mainstream.

Si l'humanité parvient à survivre et à poursuivre sa progression vers la société du sens, la pensée universelle de demain pourra s'établir en héritière des cultures passées du monde entier, lesquelles, entrant en résonance avec elle, ouvriront la voie à une nouvelle synthèse.

Associée à la conscience, une *raison inspirée* pourra alors aider chacun à dépasser ses intérêts individuels, pour se relier non seulement à l'ensemble de la communauté humaine, aux générations passées et

---

[182] Daryush Shayegan, *La lumière vient de l'Occident*, Éditions de l'Aube, 2001.
[183] Daryush Shayegan, *La conscience métisse*, Albin Michel, 2012.

à venir, mais aussi à l'Univers tout entier. L'enjeu d'une telle transformation est de pouvoir retrouver un sens, au-delà de tout intérêt matériel ou de tout calcul, en accédant à une forme de sérénité, rendue possible par un relatif détachement à l'égard des biens matériels.

5 - Le souffle de la création

L'intériorité créatrice

Face au nihilisme ambiant et à la vision matérialiste d'un homme-machine, seul un *renouveau intérieur*, qui proviendra d'un retournement du regard, d'un *regard du dedans*, va rendre possible la construction d'une société plus juste, l'instauration de modes de vie moins dispendieux en ressources et le règlement de conflits susceptibles de dégénérer en confrontation planétaire.

Fonder son comportement sur l'intériorité, sur la conscience, en s'écartant radicalement des valeurs que prône le système politique et économique actuel, telles que les aptitudes physiques, l'intelligence calculatrice ou le brio en affaires, trace la voie à suivre pour sortir du monde plat actuel et s'engager dans un processus de renouveau.
Se placer à un niveau de conscience plus profond permet d'échapper aux effets des conditionnements antérieurs et de s'ouvrir spontanément aux nouvelles configurations en cours d'émergence.
Accéder à une telle *intériorité créatrice*, c'est se connecter à une source d'inspiration inépuisable pour faire jaillir des idées ou imaginer des solutions.

Toute situation nouvelle réclame une décision adéquate pour agir. La décision peut être purement réactive et conforme aux habitudes acquises lors des expériences passées.

Sur le schéma de la figure 4, une telle prise de décision correspond à la ligne (1), qui se situe à un niveau superficiel du mental. En retour, l'action qui a été ainsi décidée se traduit par un renforcement des conditionnements antérieurs (ligne en pointillé sur la figure 4).

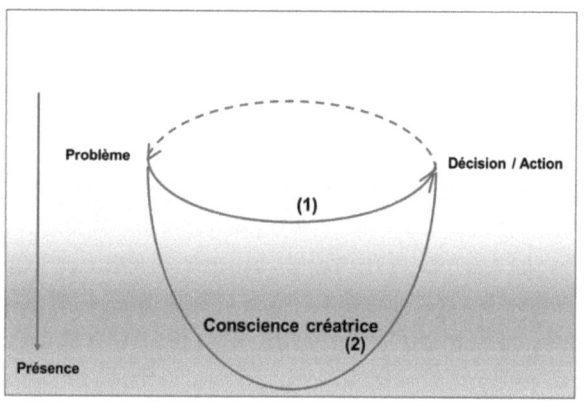

Figure 4 – Le processus de décision

Se placer à un niveau de conscience plus profond permet d'échapper au conformisme et au poids des habitudes pour s'ouvrir spontanément aux évènements en cours d'émergence, afin de déceler des idées originales ainsi que des solutions nouvelles.

Enseignant-chercheur au MIT, Otto Scharmer préconise de plonger ainsi au plus profond de soi, pour se débarrasser des schémas acquis du mental et atteindre un état de conscience ouvert et serein, avant de remonter au niveau des solutions effectives[184].

Cette démarche, représentée sur la figure 4 par l'arc de décision (2), permet de rejoindre le niveau de *l'intériorité créatrice*, qui se situe au sein de l'espace de la présence, libre de toute représentation préconçue[185].

Otto Scharmer a désigné sa méthode sous le nom de *théorie U*, pour évoquer le mouvement de descente et de remontée en soi qu'elle implique. Le point (a) le plus bas du U est le plus difficile à franchir. Pour le désigner, Otto Scharmer se réfère au passage par le *trou de l'aiguille* mentionné dans la parabole de l'Évangile. Selon l'interprétation qu'il en donne, c'était là le nom d'une porte de Jérusalem, tellement basse, qu'il fallait délester les chameaux de tous leurs bagages pour la franchir. C'est en se délestant de toutes ses habitudes qu'il est possible de passer par cette porte étroite, avant de remonter vers une réalité en cours d'émergence.

---

[184] Otto Scharmer, Katrin Kaufer, *Leading from the Emerging Future: From Ego-System to Eco-System Economy*, Berrett-Koehler, 2013.
[185] Peter Senge, C. Otto Scharmer, Joseph Jaworski, Betty Sue Flowers, *Presence – Human Purpose and the Field of the Future*, First Crown Business Edition, 2004.

Face à une crise, accepter de laisser en suspens la prise de décision et observer avec attention les changements en cours permet de déceler les tendances émergentes et de s'aligner avec les nouveaux besoins qui apparaissent.

Le prix Nobel d'économie Daniel Kahneman a également décrit deux systèmes de pensée 1 et 2. Le système 1 réagit rapidement en fonction des expériences passées, tandis que le système 2, plus lent, est le seul à autoriser des réactions réfléchies[186].
Kahneman indique que nous commettons beaucoup d'erreurs en agissant sous l'impulsion du système 1, alors qu'il faudrait toujours, dès que la décision présente une certaine importance, se référer au système de pensée 2.
Toutefois, Kahneman insiste plutôt sur l'effort intellectuel de concentration et de rigueur, là où Otto Scharmer évoque un état de disponibilité qui permet de se comporter de manière créative.

Le pouvoir des idées

Le pouvoir des idées est considérable. Il suffit de penser aux transformations qu'ont entraînées les grandes religions, le christianisme dans l'Empire ro-

---

[186] Daniel Kahneman, *Thinking, Fast and Slow*, 2011, *Système 1/Système 2 : Les deux vitesses de pensée*, Flammarion, 2012.

main, le bouddhisme en Chine ou encore l'Islam au sein d'un immense croissant, allant du Maghreb à l'Indonésie. De même, les idées de démocratie et de droits de l'Homme, nées des Lumières, ont profondément transformé l'Europe.
Tout au long de l'Histoire et dans toutes les régions, l'organisation des institutions sociales a été étroitement associée à l'imaginaire et aux représentations symboliques qui déterminent une certaine vision du monde.

Le monde plat, en raison de sa logique de profit à court terme, est destructeur de toute idée capable de guider la société vers un avenir alternatif. Il multiplie les artefacts technologiques pour lancer des « produits culturels », suivant une pratique qui s'applique à n'importe quel autre produit commercial.
Toute transformation en profondeur de la société nécessite dès lors un retournement culturel, pour inventer un nouvel imaginaire ou pour retrouver d'anciennes sources d'inspiration. Un tel retournement reste compatible avec la mise en place d'une société scientifiquement et techniquement avancée, dont les objectifs seraient tournés non plus vers la puissance militaire ou la consommation intensive de ressources, mais vers l'épanouissement collectif.

Dans une société du sens, l'harmonie s'établit en lien avec la nature et autrui, l'être est placé avant l'avoir, la qualité de vie avant la quantité de biens consommés, la culture et la pensée avant les biens matériels. La vie acquiert sa plénitude à travers l'amitié et l'affection, plutôt que la jouissance individuelle. Les valeurs de sensibilité, intuition, contemplation, généralement classées comme féminines, prennent l'ascendant sur les valeurs dites masculines de force et de domination[187].

L'individu n'est plus isolé, mais retrouve sa place dans une communauté et dans un cosmos, dont il fait partie intégrante. Il n'est plus le seul acteur de son histoire individuelle et renoue des liens avec ses ancêtres, l'histoire universelle et une tradition millénaire.

Les transformations opérées visent moins à établir de nouvelles normes sociales qu'à instaurer un état d'esprit tourné vers l'épanouissement collectif. L'acceptation d'un mode de vie plus simple et plus sobre permet de réduire les inégalités ainsi que les tensions dans le monde. La recherche de la paix l'emporte sur la volonté de faire prévaloir un ordre mondial.

Les responsabilités sont confiées à ceux qui se distinguent par leur stature morale, plutôt que par leur fortune ou leurs réseaux de relations. Des valeurs d'honneur, de dignité et de respect à l'égard des êtres, du savoir, de la culture ou des compétences sont réintroduites au sein de la société.

Toute personne est respectée en tant que telle et non plus seulement en fonction de ses capacités phy-

---

[187] Cette dichotomie est, bien sûr, trop schématique et appelle les mêmes réserves que la dichotomie cerveau gauche/cerveau droit.

siques et mentales ou de son compte en banque. Les plus faibles, les enfants, les vieillards ou les infirmes bénéficient de la même considération. L'autorité est exercée en fonction d'un principe supérieur relevant de l'intérêt général, dont celui qui détient le pouvoir n'est que le représentant.

Bien entendu, un tel changement de cap ne peut être ni immédiat ni complet. Les pratiques malhonnêtes ou simplement intéressées ne vont pas disparaître totalement. Il ne sera pas possible d'éliminer instantanément la volonté de pouvoir ainsi que les conflits dans le monde.
Une mutation culturelle suffisamment profonde est en mesure, toutefois, de transformer la mentalité des dirigeants et de faire progresser la société vers la paix et la justice, même si elle doit pour cela avancer à tâtons, en trébuchant fréquemment.

Malgré la progression chaotique suivie par le monde tout au long de l'Histoire, les idées qui concernent la dignité humaine ont acquis à présent la force d'une évidence. Franchir de nouvelles étapes dans la prise de conscience de valeurs universelles ne relève donc pas nécessairement de l'utopie.

La société de création

La créativité est à l'origine des découvertes scientifiques, des inventions techniques, des activités artistiques et des innovations de toutes sortes. Elle va jouer un rôle déterminant dans la société de demain, en devenant l'ingrédient essentiel dans la conception des produits ou des services.

La *société de création*, qui se profile dès à présent, est en quête d'idées nouvelles. Elle favorise initiatives et débats contradictoires. C'est une société « ouverte », selon la définition d'Henri Bergson, reprise par Karl Popper, et donc nécessairement une société démocratique[188].

Une société ouverte et créative est capable de s'adapter aux défis auxquels elle est confrontée. L'historien britannique Arnold Toynbee a montré comment une civilisation progresse en surmontant les défis auxquels elle doit faire face. Ainsi, l'expansion maritime de la Grèce serait due au manque de ressources agricoles, lié à l'aridité du sol grec[189].

La société actuelle est confrontée à de grands défis qu'elle doit parvenir à surmonter : pauvreté extrême de certaines régions du monde, inégalités, violence, dégradation de l'environnement et réchauffement climatique. C'est en faisant preuve de créativité qu'elle pourra surmonter les risques d'effondrement et trouver des réponses aux défis actuels. Ainsi, les écotechnologies ou les technologies frugales vont,

---

[188] Karl Popper, *La société ouverte et ses ennemis*, tome 2 : *Hegel et Marx*, Éditions du Seuil, 1979.
[189] Arnold Toynbee, *A Study of History,* vol. I-XII, 1956-1961, *L'Histoire,* Elsevier, 1972.

sans doute, connaître dans les années à venir une vague d'innovations et un développement sans précédent.

L'évolution vers une société de création va entraîner une transformation des mentalités, des modes de vie et des technologies employées. Elle va également transformer profondément la notion de travail et les motivations qui lui sont associées.

Le travail routinier étant de plus en plus fréquemment confié à des machines, une grande partie de l'activité professionnelle va consister dans l'avenir en un travail de création qui nécessitera des connaissances, mais aussi de l'imagination et de l'inspiration.

Une activité de création n'est plus assimilable à un travail contraignant et aliénant. Elle représente, au contraire, un facteur de libération.

Alors que les différents secteurs d'activités sont devenus spécialisés et cloisonnés, il sera nécessaire de croiser différents types d'innovations techniques, artistiques et artisanales. De même que l'imprimerie avait permis de créer le monde du romanesque, de nouveaux mondes imaginaires vont se déployer dans l'espace virtuel du numérique.

À la production de masse se substituent progressivement des modes de production plus flexibles, qui permettent de personnaliser les produits en fonction des goûts et des aptitudes de ceux auxquels ils sont destinés. Chaque vêtement, chaque aliment, chaque objet de la vie quotidienne devient une création originale, à laquelle l'utilisateur final est souvent amené à apporter sa touche de création personnelle.

Tout en conservant la place qui était déjà la sienne dans le monde de la culture, à travers les multiples formes d'art et de littérature à venir, le rôle de la création va s'étendre à tous les secteurs de l'économie.
Les technologies numériques vont amplifier ce mouvement en assurant une diffusion beaucoup plus large à l'ensemble des créations culturelles. Les médias, le cinéma et la télévision, l'art et la littérature, mais aussi l'urbanisme, l'architecture, le design, la mode, la décoration reposent sur un travail de création.
Toutefois, la création ne concerne pas que des activités intellectuelles ou purement artistiques. Elle peut également se trouver au cœur des réalisations manuelles d'un artisan.

Les grandes universités, ainsi que l'ensemble du système éducatif, contribuent à amorcer le mouvement et à diffuser les œuvres de création.
Il s'agit de former des personnalités créatives, mais aussi de constituer des pôles de savoir et de création. Chacun des *territoires de connaissance* ainsi constitués forme un écosystème dans lequel interagissent les personnes et les idées, les espaces et les objets. En établissant des connexions avec le monde entier, les technologies numériques amplifient considéra-

blement l'influence exercée par des personnalités créatives.

Dans le secteur des technologies avancées, l'émergence des innovations est associée à l'existence d'un tissu d'entreprises, de centres de recherche et d'établissements universitaires opérant en pôles de compétitivité.
En Californie, c'est sur le territoire relativement restreint de la Silicon Valley qu'ont émergé les nouvelles technologies de l'information et les GAFA, les géants du Web. Ce résultat a été obtenu en réunissant des universités de réputation internationale telles que Stanford ou Berkeley, des entreprises de haute technologie, des *start-ups* et des fonds de capital-risque. L'agglomération de Bangalore en Inde, les villes de Cambridge, Grenoble, Toulouse ou Munich en Europe jouent un rôle similaire. Ces différents lieux de création facilitent la rencontre entre des personnalités venant du monde entier, dotées de talents différents, capables d'assurer ainsi des rôles complémentaires dans le lancement de projets innovants.

Une société de création est aussi une *société épanouie*. Elle ne peut exister qu'en étant libre et ouverte. L'épanouissement de chacun va passer de plus en plus par la participation à une activité créative et à des tâches d'intérêt général.
La créativité peut, toutefois, être mise au service d'objectifs très différents, aider à concevoir des armes ou

des équipements de santé, des robots ou des jardins. En étant orientée vers l'intérêt général, elle devient un véritable facteur d'épanouissement.

Étant ouvert à une confrontation permanente des idées, l'esprit de création protège la société des dérives totalitaires. Il ne peut survivre au manque de liberté. Pour s'exprimer, la création a besoin d'être à l'abri de toute forme de censure. L'autocensure, qui vise à protéger sa carrière et à suivre l'ordre établi, plutôt qu'à rechercher la vérité, en est sans doute la forme la plus grave.

La pensée créatrice

En raison des progrès très rapides accomplis dans le domaine de l'intelligence artificielle, il est fréquemment admis que les machines seront dotées dans l'avenir de conscience et pourront même ressentir des émotions.

Il est pourtant légitime de tracer une ligne de démarcation infranchissable entre un être conscient et une machine, dépourvue de sentiments et de pensée, aussi perfectionnée soit-elle.

Seule la pensée humaine, qui associe intelligence logique, imagination et émotion, est capable d'imaginer, de créer, de sentir, d'éprouver, d'avoir confiance. L'intelligence logique demeure indispensable pour réagir correctement aux sollicitations extérieures, mais elle doit être complétée par l'intuition et l'esprit de synthèse.

C'est l'imagination qui permet de créer les différentes formes d'expression de la pensée, la littérature, la poésie, la musique, la philosophie. La pensée scientifique elle-même en dépend pour introduire les nouveaux concepts qu'elle met en œuvre afin de déchiffrer la réalité extérieure.
L'imagination se nourrit de l'émotion pour prendre des initiatives et rechercher de nouvelles idées. Tout créateur est guidé par un besoin impérieux qui l'incite à dépasser les limites de la fatigue ou même à accepter la souffrance.

L'intelligence binaire de la machine reste celle que le sage chinois Tchouang-Tseu qualifiait au IVe siècle av. J.-C. de *petite intelligence*, quelle que soit par ailleurs la vitesse avec laquelle elle est capable de traiter les informations. Pour surmonter les défis futurs, il sera nécessaire de faire appel à la *grande intelligence*, celle qui est vaste et profonde, sinon rapide et étendue. Liée à la conscience et aux émotions, elle peut embrasser d'emblée tout un domaine. Pour la découvrir, il est nécessaire de s'ouvrir à sa conscience profonde. C'est par l'entrelacement de la Raison avec la présence que le mental devient capable d'accéder à une pensée humaine authentique.
La créativité est une source d'épanouissement intérieur. Elle contribue à enrichir la vie en expériences

et en découvertes, sans accroître pour autant la consommation de ressources rares et dispendieuses. S'opposant à l'implacable nécessité de la machine, elle naît d'un jaillissement de liberté.

Elle s'exprime constamment à travers la création artistique ou littéraire, les inventions techniques, la conception d'objets de la vie courante, les méthodes d'organisation économique et sociale. Elle fait aussi appel au ressenti intérieur du créateur, à son âme, à l'intuition. Elle porte en elle le rêve, la poésie, la musique. À ce titre, elle est étroitement associée à l'imagination.

L'imagination s'ouvre sur des mondes intérieurs qui ne connaissent pas les limites du monde réel. Une machine ne rêve pas. Un robot peut simuler des émotions, mais non les ressentir. De ce fait, ni un monde robotisé ni une pensée algorithmique ne sont compatibles avec l'épanouissement de la conscience humaine. Tandis que la machine relève de la nécessité, la création relève de la liberté. Seuls les êtres humains sont capables de prendre des initiatives.

C'est l'imagination qui, étant à la source de toutes les créations artistiques et littéraires, permet de concevoir des mondes alternatifs. C'est elle qui invente de nouveaux modes de vie et d'organisation sociale.

Pour générer une idée à laquelle d'autres n'ont pas encore pensé, l'esprit créatif doit emprunter un chemin personnel, souvent de traverse. C'est ce que le psychologue britannique Edward de Bono a appelé la « pensée latérale[190] ».

Une idée nouvelle se heurte à des oppositions d'autant plus vives qu'elle est véritablement originale. Le créateur doit faire preuve d'imagination, mais aussi de persévérance pour aller jusqu'au bout de son idée, en dépit de toutes les oppositions et de tous les obstacles. À chaque époque, l'innovateur doit ainsi parvenir à vaincre des obstacles multiples, en menant un combat pour faire accepter son idée par une communauté qui, au départ, la rejette.

Ce sont souvent des personnalités non conformistes ou en marge de la société qui sont les plus créatives. Au cours de la révolution industrielle en Angleterre au XVIIIe siècle, de nombreux inventeurs ont fait partie de ceux qui refusaient de suivre la doctrine de l'Église anglicane dominante, qu'ils soient puritains, presbytériens, anabaptistes ou calvinistes[191].

Selon le sociologue Richard Florida, les innovateurs sont surtout formés de personnalités atypiques ou issues des minorités[192]. Ayant difficilement accès au sommet de la pyramide sociale en raison de leur milieu d'origine, ils trouvent des moyens d'expression

---

[190] Edward de Bono, *Lateral Thinking: Creativity Step by Step*, 1970.
[191] W. W. Rostow, *Comment tout a commencé*, Hachette, Paris, 1975.
[192] Richard Florida, *The Flight of the Creative Class. The New Global Competition for Talent*, HarperCollins, 2005.

à leur mesure dans le domaine de l'innovation technologique.

James Watt, qui était écossais, appartenait à une église presbytérienne. Il commença sa carrière en fabriquant des instruments de musique. Thomas Edison, simple autodidacte, débuta comme employé télégraphiste de la *Western Union Telegraph Company*. Nicolas Tesla ne put achever, pour des raisons financières, ses études à l'École polytechnique de Graz. Après avoir raté son premier examen d'entrée à l'École polytechnique fédérale de Zürich, Albert Einstein n'obtint son diplôme que de justesse, avant d'étudier la physique en autodidacte.
Bill Gates abandonna les études qu'il menait à l'Université de Harvard pour se consacrer à la micro-informatique, Steve Jobs n'acheva pas non plus les siennes et s'adonna à toutes sortes d'activités parallèles inspirées par la mentalité hippie de l'époque.

Dans les domaines culturels et artistiques, les nombreux artistes qui furent incompris de leur vivant ont été très souvent les plus novateurs.
Les créateurs ont des personnalités très variées. Certains sont très sociables, d'autres sombres et solitaires. Il est coutumier d'opposer Michel-Ange à Raphaël, Rembrandt à Rubens. Ils se ressemblent néanmoins par la richesse de leur monde intérieur et par leur obstination à exprimer leur vision du monde.

La création collective

Le rôle essentiel que joue la personnalité du créateur ne signifie pas que l'acte de création soit purement individuel. Une création collective est issue de la collaboration de tout un groupe. L'acte de création collective met un créateur en relation avec une communauté à l'écoute et en résonance avec lui. Dans ce cas, les différentes idées émises se renforcent mutuellement, stimulant un processus créatif porteur de sens.
L'élargissement au moyen des technologies numériques du nombre d'individus pouvant être connectés entre eux est de nature à renforcer puissamment un tel processus de création collective.

La créativité joue un rôle déterminant dans les domaines scientifiques et artistiques, mais aussi, et de plus en plus, dans les secteurs de l'économie et du social. La communauté de ceux qui ont été qualifiés de « créatifs culturels » forme une part de plus en plus large de la population[193]. En période de changement, chaque citoyen contribue à créer un monde nouveau. Il ne s'agit plus de savoir seulement extrapoler intelligemment ce qui se passe au présent, mais d'être capable de concevoir une vision d'avenir[194].

---

[193] Paul H. Ray, Sherry Ruth Anderson, *The Cultural Creatives: How 50 Million People Are Changing the World*, 2000, *L'émergence des Créatifs Culturels*, Éditions Yves Michel, 2001.
[194] Charles Leadbeater, *We-Think – Mass Innovation not Mass Production*, Profile Books, 2009.

Pour engager des mutations créatives, il est nécessaire de sortir du carcan des disciplines établies. Après une longue période de spécialisation à outrance, un rapprochement devient nécessaire entre science, art, littérature, philosophie et spiritualité[195]. Personne ne peut acquérir des compétences dans tous les domaines, mais c'est en croisant des compétences variées et en faisant converger des démarches différentes, habituellement confiées à des corps de métiers divers, qu'il devient possible de progresser.

L'architecte doit devenir paysagiste ou tout au moins être capable d'intégrer un tel point de vue. L'ingénieur doit s'intéresser au biotope au sein duquel il va insérer son ouvrage. Le juriste doit être aussi psychologue.

Établir des ponts entre spécialités et cultures différentes est devenu une qualité essentielle pour opérer cette transformation vers un système alternatif. Basarab Nicolescu évoque la nécessité d'une démarche « transdisciplinaire », qui va au-delà de la pluridisciplinarité ou de l'interdisciplinarité, en intégrant l'ensemble des points de vue dans une vision commune[196].

La créativité s'exerce fréquemment aux interfaces de différents domaines. Ainsi, l'art s'enrichit des ap-

---

[195] Dominique Baqué, *Pour un nouvel art politique, De l'art contemporain au documentaire*, Flammarion, 2015.
[196] Basarab Nicolescu, *La Transdisciplinarité : Manifeste*, Éditions du Rocher, 1996.

ports de la science, qui lui fournit de nouveaux supports et des thèmes d'inspiration[197].

La créativité et la recherche de la beauté trouvent un vaste champ d'application dans le domaine de l'urbanisme et de l'aménagement des paysages. Elles peuvent également s'exprimer dans la décoration, la mode, la cuisine ou le design d'objets courants.

La créativité concerne ainsi l'ensemble des activités, contribuant à développer un sentiment d'accomplissement et de plénitude. L'un des défis de la société de demain sera de parvenir à développer non seulement une *intelligence collective*, mais aussi une *créativité collective*, faisant appel à l'imagination et la sensibilité de chacun de ceux qui participent à la conception d'un objet ou d'un dispositif.

Toute entreprise, tout projet, toute construction résultent d'une co-création impliquant la participation d'une collectivité. L'un des défis de l'entreprise de demain sera d'obtenir la participation active de la plus grande partie possible de son personnel à une telle co-création collective. Un travail de création collective, impliquant l'ensemble des citoyens concernés, est nécessaire aussi pour aménager une cité ou organiser la gestion d'une région.

La place de l'inconscient

Dans une société moderne, le comportement d'un individu est censé être régi par des règles ration-

---

[197] Stephen Wilson, *Art+Science Now*, Thames & Hudson, 2010.

nelles liées à son intérêt personnel. C'est en général ainsi qu'il est conçu en économie.

Chaque personne pense et agit en relation avec son cerveau rationnel « gauche[198] », qui établit les relations logiques, calcule, anticipe et imagine, mais aussi avec son cerveau affectif « droit », à la source des sentiments et des désirs. Elle est ainsi confrontée à la double injonction : « je désire » et « je dois ».

La façon dont elle gère des contradictions entre ces deux injonctions est liée à son modèle de représentation, ainsi qu'aux pulsions qui proviennent de son inconscient.

La psychologie des profondeurs a montré que le comportement d'un être humain échappe fréquemment aux calculs rationnels.

Dostoïevski a été l'un des premiers à décrire le comportement irrationnel d'un individu soumis à des contraintes auxquelles il veut échapper. « L'homme du sous-sol » refuse de se plier aux lois de la raison et d'admettre que deux et deux font quatre[199]. Se rappelant le Palais de cristal, qu'il avait visité à Londres au moment de l'Exposition universelle, Dostoïevski l'identifie à l'humanisme rationnel qu'ont voulu bâtir les Lumières, édifice qui se voulait parfait,

---

[198] Tandis que la distinction entre les composantes rationnelle et affective est facile à observer, leur rattachement respectif à la partie gauche et à la partie droite du cerveau reste controversé.

[199] Fédor Dostoïevski, *Les carnets du sous-sol,* Babel, Actes Sud, 1992.

sans pourtant apporter de réponses aux aspirations profondes de l'être humain[200].

De cette façon, il condamnait toutes les utopies qui se veulent parfaites. Il est impossible de construire un monde parfait, et même si on y parvenait, l'être humain ne pourrait s'en satisfaire, car il n'aurait pas la possibilité de le transformer à sa guise. Une utopie qui prétend éliminer la souffrance est irréaliste, car la souffrance fait partie de la condition humaine, et même celui qui dispose du confort matériel le plus parfait ne peut lui échapper.

C'est dans l'inconscient que le comportement et les motivations d'une personne prennent leur source. Le psychisme humain se situe entre l'espace extérieur « matériel » et l'espace intérieur de la présence. Il est ainsi bordé par deux modes d'inconscient : l'inconscient qui le ramène vers le monde matériel et inerte d'une part, et l'inconscient qui communique avec la présence et le relie au monde intérieur d'autre part.

La présence permet à l'imagination ainsi qu'à la pensée créatrice de se déployer. C'est en se reliant à elle que la pensée devient capable de construire un monde symbolique et de créer[201].

---

[200] L'image du Palais de cristal a été reprise par Peter Sloterdijk dans l'ouvrage : *Im Weltinnenraum des Kapitals. Für eine philosophische Theorie der Globalisierung*, 2005, *Le palais de cristal – À l'intérieur du capitalisme planétaire*, Éditeur Libella Maren Sell, 2006.
[201] Alexandre Rojey, *À la recherche de la conscience perdue – La Présence et l'Ouvert, op. cit.*

Carl Gustav Jung[202] a introduit l'idée d'un « inconscient collectif », qui se forme à partir des archétypes structurant l'imaginaire symbolique humain, à différents niveaux, familial, ethnique et culturel. Cet inconscient collectif, qui conditionne les représentations, est à la source des expériences religieuses et esthétiques.

Pour Stanislav Grof, l'un des fondateurs de la psychologie « transpersonnelle », l'inconscient collectif est relié à une « autre réalité », qui peut être expérimentée dans certains états de la conscience, notamment sous l'effet de drogues ou de substances hallucinogènes[203].

Il reste à expliquer comment des représentations sont capables de circuler à l'intérieur de l'inconscient collectif. Jung avait admis l'existence d'un niveau de réalité sous-jacent, antérieur à la scission entre monde extérieur et monde intérieur qu'il avait désigné par le terme de *Unus mundus*, dans lequel la communication s'exerce selon des mécanismes inhabituels[204]. C'est par l'existence de ce niveau de réalité sous-jacent que s'expliqueraient des phénomènes généralement considérés comme paranormaux, tels que la télépathie et les synchronicités entre des évènements en appa-

---

[202] Carl Gustav Jung, *L'énergétique psychique*, LGF Livre de Poche, 1996.
[203] Stanislav Grof, *Realms of The Human Unconscious: Observations from LSD Research*, 1975, *Royaumes de l'inconscient humain : la psychologie des profondeurs révélée par l'expérience LSD*, Monaco, Éditions du Rocher, 1983.
[204] Carl Gustav Jung, *Mysterium Conjunctionis* (1955–1956), Paris, Albin Michel, 1982.

rence dissemblables dont Jung pensait avoir été témoin. Cette conception n'est pas, bien entendu, acceptée par la science reconnue.

En plongeant dans la conscience profonde, il devient possible de se relier à un espace transpersonnel d'où émerge une conscience collective, de même qu'une conscience individuelle émerge du sein de la présence[205]. L'inconscient collectif en est le soubassement.

Reconstruire l'imaginaire

Seule une profonde mutation culturelle permettra à l'humanité d'éviter une issue fatale. Pour sortir du nihilisme contemporain, reconstruire *l'imaginaire* est devenu indispensable.

Les institutions créées par la société ne se fondent pas uniquement sur des relations économiques, mais dépendent aussi et surtout des représentations collectives qui se forment au sein de l'imaginaire social. Elles échappent ainsi à un déterminisme purement matériel.
Ayant reconnu le rôle des influences culturelles, Castoriadis a été amené à rompre avec le point de vue

---

[205] Alexandre Rojey, *À la recherche de la conscience perdue – La Présence et l'Ouvert, op. cit.*

marxiste qui était le sien jusque-là[206]. Certes, le marxisme politique a été largement discrédité, mais l'idéologie néolibérale fondée sur les seuls intérêts économiques représente une menace comparable, car, privée de son imaginaire social, la société risque de mourir d'asphyxie.

Une communauté ne peut retrouver sa cohésion qu'à travers le partage d'une vision commune. Le monde imaginal ayant été malheureusement déserté, la question de savoir comment le retrouver se pose de nos jours avec acuité, car les orientations prises par une collectivité dépendent en tout premier lieu du système de représentation[207].

Les symboles[208] auxquels nous avons recours tous les jours nous affectent au plus profond de nous-mêmes, en générant une onde dont le sillage propage dans la psyché une multitude de souvenirs, de ressentis et d'émotions. Le symbole ne se situe pas sur un plan purement logique, mais tire sa force de l'accès direct qu'il ouvre à la présence et à l'inconscient. En raison de sa puissance de suggestion, la représentation symbolique est capable de susciter

---

[206] Cornelius Castoriadis, *L'Institution imaginaire de la société*, Éditions du Seuil, 1975.
[207] Alexandre Rojey, *La Réinvention du monde. Entre utopie et principe de réalité*, op. cit.
[208] René Guénon, *Symboles de la Science Sacrée*, NRF Tradition Gallimard, 1977.

un dévouement qui peut aller parfois jusqu'au sacrifice suprême.

La préservation du système symbolique représente l'une des conditions de survie de la société. Quand celui-ci n'est plus adapté au contexte ambiant, il devient indispensable de le faire évoluer sans pour autant le détruire.
Lorsqu'elles détruisent le symbolisme social, les révolutions sont inexorablement entraînées dans un régime de Terreur, pour maintenir la cohésion de la nation[209]. Au contraire, celles qui réussissent à préserver l'ordre symbolique tout en transformant la société, comme ce fut le cas lors de la révolution en Angleterre au XVIIe siècle ou de la révolution américaine au XVIIIe, parviennent à éviter un tel engrenage de violence.
Toutefois, si elles demeurent incapables de s'adapter à des changements du monde extérieur par fidélité à un système symbolique dépassé, elles disparaissent en tombant dans l'anarchie ou en mourant de lente atrophie.

L'imagination permet de découvrir un monde nouveau, encore inconnu. Ce monde imaginal, *mundus imaginalis*, dont Henry Corbin a pu dire qu'il occupe une position intermédiaire entre le monde empirique des sens et le monde abstrait de l'intellect,

---

[209] Alfred N. Whitehead, *La fonction de la raison et autres essais*, Bibliothèque scientifique, Payot, Paris, 1969.

délivre une réalité plus profonde et plus belle que le monde physique[210]. Il possède la puissance du rêve. C'est dans ce monde imaginal que se construisent les différentes représentations et les visions du monde susceptibles de guider la société. Le monde imaginal ayant été appauvri et desséché sous l'effet d'une technologie omniprésente, la priorité la plus immédiate consiste à reconstruire une culture riche et diverse, capable d'échapper aux règles du *mainstream* et du *digest* en puisant dans les plus anciennes traditions de l'humanité.

La société d'aujourd'hui dispose du privilège unique de pouvoir accéder aux plus grandes œuvres du passé ainsi qu'aux témoignages de toutes les civilisations mondiales anciennes ou présentes. Chacun de nous peut y trouver de nouvelles sources d'inspiration, plutôt que rester enfermé dans la culture *mainstream* diffusée par les médias de masse.

Le monde imaginal est le lieu dans lequel se forme une pensée collective cohérente. Alors que le monde contemporain favorise la dispersion, le monde imaginal « reconstitue symboliquement l'unité perdue[211] ». La reconstruction d'un imaginaire social nécessite, bien sûr, des initiatives hardies et un intense effort collectif de créativité.

---

[210] Henry Corbin, *L'imagination créatrice dans le soufisme d'Ibn Arabi*, Flammarion, 1958 ; Éditions Médicis-Entrelacs, 2006.
[211] Cynthia Fleury, *Métaphysique de l'imagination*, Éditions d'Écarts, 2000.

La société de demain ne pourra échapper aux pires catastrophes qu'en plaçant en tête de ses priorités les valeurs culturelles, sociales et environnementales, plutôt que la croissance du PIB et la maximisation du profit. Toutefois, une telle volonté n'est pas acquise d'emblée.

Une nouvelle génération devra trouver l'inspiration nécessaire pour prendre la suite des réformateurs les plus hardis des siècles passés. C'est en accédant à une forme de spiritualité qu'elle parviendra à surmonter l'avidité de richesse et de pouvoir. Sa tâche promet d'être rude, car elle devra réussir à accomplir ce que l'actuelle génération s'est montrée incapable de mener à bien.

Créer le futur

L'avenir, on le sait bien à présent, ne peut être prévu, en raison de sa complexité et du nombre de facteurs qui influencent son cours. Des évènements qui paraissent insignifiants sont capables de modifier totalement le cours de l'Histoire.

Les évènements que nous pouvons le mieux prévoir sont ceux que nous décidons nous-mêmes. Dans ces conditions, la meilleure façon d'anticiper l'avenir consiste à adopter une attitude proactive, en agissant pour transformer le monde. Gaston Berger, qui introduisit en France la démarche prospective, écrivait : « Demain ne sera pas comme hier. Il sera nouveau et il dépendra de nous. Il est moins à découvrir qu'à inventer[212]. »

Face à un avenir incertain, une prospective planificatrice ou même purement stratégique n'est plus adaptée et il est nécessaire de lui substituer une *prospective créative*[213].
Plutôt que de subir simplement une situation de crise, la meilleure voie à suivre consiste à imaginer et à concrétiser des actions capables de transformer les domaines d'activité de l'entreprise ou du territoire pour les adapter aux changements en cours.

Entre les différents futurs possibles, il s'agit de choisir le meilleur et d'œuvrer à son accomplissement, transformant ainsi le pari de départ en « prophétie autoréalisatrice[214] ». Ce n'est qu'à condition de mettre en œuvre concrètement les options nouvelles ainsi imaginées que la crise peut s'avérer une opportunité pour réaliser nos aspirations.

---

[212] Gaston Berger, *Phénoménologie du temps et prospective*, PUF, 1964.
[213] Alexandre Rojey, *La Prospective créative – Pour bâtir une vision d'avenir qui oriente l'action*, Vitrac Éditeur, 2014.
[214] Le concept de prophétie autoréalisatrice (*self-fulfilling prophecy*) a été introduit en 1949 par le sociologue américain Robert K. Merton.

6 - L'horizon de la liberté

Les fondements de la liberté

La liberté est sans doute le plus précieux des acquis sociaux. Les démocraties occidentales se prévalent de la liberté qu'elles sont censées incarner. Le monde occidental s'est désigné durant toute la guerre froide et encore à présent comme le *monde libre*.

La recherche de la liberté a été le point de départ de toutes les doctrines libérales. Le libéralisme, tel qu'il était conçu notamment aux États-Unis, était favorable à la démocratie et aux droits de l'homme. Toutefois, ces conceptions ont progressivement dévié de leur contenu initial, et la liberté de circulation des marchandises et des capitaux est la seule que défend le néolibéralisme.

La liberté des puissants n'est pas celle des plus faibles. La liberté est licite tant qu'elle ne heurte pas la liberté d'autrui et reste conforme à l'intérêt général. Elle ne l'est plus quand elle est mise au service d'un pouvoir injuste.

À un niveau plus profond se pose la question de la nature de cette liberté. Si l'être humain n'est qu'une machine perfectionnée, si ses décisions sont le résultat de conditionnements divers et variés, qu'en est-il de son « libre-arbitre » ? Sa liberté n'est-elle qu'une illusion ?

À travers la publicité commerciale et la propagande politique, il subit de nombreux conditionnements. Si son comportement est conditionné de l'extérieur, il n'est plus possible de parler de liberté. La liberté ne peut trouver de fondement que si la personne humaine abrite en elle un principe divin qui échappe à la causalité matérielle.

La *liberté physique*, qui consiste à pouvoir se déplacer sans contrainte et sans crainte d'être emprisonné, représente une première étape dans la libération de l'être humain. Disposant de la liberté physique et devenu libre d'agir, il peut créer. La liberté est étroitement associée à la création. L'acte créateur est un acte de liberté, à l'image de l'acte de création divin. La *liberté d'opinion* constitue le degré suivant. Non seulement l'être humain est libre de se déplacer, mais il peut s'informer, réfléchir et s'exprimer librement, que ce soit en privé ou en public.

Enfin, au niveau le plus élevé, se situe la *liberté intérieure*, qui s'acquiert en se plaçant au-dessus des contingences matérielles. Cette liberté à laquelle se référait Viktor Frankl ne dépend que de nous. C'est celle qui a été revendiquée par Épictète, celle qui nous permet d'échapper à toutes les contraintes et à tous les conditionnements.

La liberté intérieure relève du libre arbitre humain. Pour expliquer le libre arbitre dans un monde de causalités matérielles, le philosophe Nicolas Berdiaev a situé sa source dans un abîme que Jacob Böhme a désigné par le terme de *Ungrund*[215]. L'Ungrund ne se confond pas avec Dieu. Étant indéterminé, il peut guider vers le Bien ou le Mal[216].

Comme tout absolu, la liberté ne peut être acquise totalement. Elle se présente comme un horizon vers lequel il est possible de se diriger, mais sans jamais l'atteindre.

La liberté ne peut être enfermée dans un mécanisme causal. Les choix qu'effectue l'être humain restent imprévisibles. Ils ne relèvent pas nécessairement de décisions rationnelles ni du bien commun. Il existe également une attirance vers le mal. C'est pourquoi la société idéale demeure une utopie.

Retrouver l'autonomie

Une société ne peut évoluer vers un avenir porteur de sens que si elle dispose de suffisamment d'autonomie et de liberté. Si elle reste soumise à des contraintes extérieures qui empêchent toute transformation profonde, c'est évidemment impossible.

L'autonomie est clairement associée à la démocratie, car seul un régime démocratique permet d'être maître

---

[215] Nicolas Berdiaev, *De la destination de l'homme*, L'Âge d'Homme, 2010.
[216] Mario Casanas, « La philosophie religieuse de Berdiaev », *Revue philosophique de Louvain* /43/ pp.350-366, 1981.

de son destin. C'est seulement dans un tel cadre que le peuple peut être souverain.

La globalisation néolibérale ne reconnaît que l'arbitrage du Marché. Si les décisions publiques relèvent désormais des seules compagnies multinationales, le peuple perd sa souveraineté ainsi que son autonomie et la démocratie perd toute signification véritable.
Le modèle néolibéral s'est incarné dans les GAFA et les institutions financières américaines. Les États-Unis ont perçu la globalisation comme une façon de faire prévaloir leur domination, en mettant des moyens de production situés dans le monde entier à la disposition des multinationales sous pavillon américain. Ils ont été ainsi amenés à défendre les intérêts de ces multinationales avant ceux de leurs propres citoyens. D'autres pays, comme la Chine, ont également attribué une priorité absolue aux facteurs économiques, en sacrifiant le bien-être d'une large fraction de la population.
Contrairement à ce que prétendait le néolibéralisme, on a pu ainsi observer une opposition de plus en plus marquée entre globalisation et démocratie[217].

Lorsque de grandes entreprises chinoises comme Huawei sont devenues capables de se substituer aux entreprises américaines dans un rôle de leadership

---

[217] Guoguang Wu, *Globalization against Democracy: A Political Economy of Capitalism after its Global Triumph*, Cambridge University Press, 2017.

économique, la position américaine a brusquement changé. Les États-Unis ont fait pression sur l'ensemble de leurs partenaires pour bannir Huawei et d'autres entreprises chinoises du Marché.

Toute réflexion sur les modèles futurs de société passe désormais par la question préalable du maintien, voire du renforcement de ce mode de globalisation. Si la globalisation se fissure au profit d'un monde multipolaire, en faisant apparaître différents groupes de nations jouissant d'une autonomie accrue, notamment sur le plan financier, un modèle alternatif pourrait prendre naissance dans une région, sans qu'il soit nécessaire de l'appliquer immédiatement ailleurs. Des modèles diversifiés pourraient alors exister dans le Monde, en fonction des spécificités de chaque région.
Le poids économique croissant de pays tels que l'Inde et la Chine rend une telle hypothèse de plus en plus vraisemblable. Les pays africains devraient jouer également un rôle majeur, notamment en raison de leur poids démographique croissant, mais sans doute dans un avenir plus lointain.

L'autonomie est indissociable de la démocratie. Celle-ci est inconcevable si les citoyens ne sont pas libres d'appliquer des décisions voulues par la majorité d'entre eux. C'est pourquoi les traités internationaux qui régissent la globalisation sont dangereux pour la démocratie, car ils limitent le pouvoir de décision des citoyens, en ne laissant plus qu'une marge de manœuvre réduite aux dirigeants politiques.

Consommer localement des produits agricoles, en organisant des circuits courts, présente de nombreux avantages : améliorer l'autonomie d'une région, assurer un meilleur revenu au producteur, préserver la biodiversité en limitant l'extension des cultures industrielles, fournir des produits sains au consommateur, en réduisant l'usage des pesticides et des conservateurs chimiques. La logique des circuits courts conduit également à varier l'alimentation en fonction des saisons plutôt qu'à importer des fruits d'un autre continent. L'utilisation de monnaies locales constitue l'un des moyens pour en favoriser la pratique[218].

Avoir entièrement transféré la production d'équipements ménagers ou électroniques dans des pays émergents comme la Chine a entraîné dans un pays comme la France la disparition de secteurs industriels tout entiers et une perte irrémédiable de savoir-faire. La crise sanitaire a montré le danger qu'entraîne une dépendance excessive vis-à-vis de l'extérieur pour un certain nombre de biens essentiels. C'est ainsi qu'au plus fort de la crise sanitaire de 2020, la France a manqué de masques, de respirateurs, de médicaments et de produits de tests. Il sera difficile de répondre au souhait actuel de relocaliser des activi-

---

[218] Les Économistes atterrés, *La monnaie – Un enjeu politique*, Éditions du Seuil, 2008.

tés que l'on avait laissé partir à l'étranger, telles que la fabrication de médicaments ou d'autres produits stratégiques.

Sans prôner l'isolationnisme, il s'agit de savoir bien mesurer les atouts qu'apporte une autonomie accrue en termes d'indépendance et de résilience, en refusant une prise de position purement idéologique. La mondialisation est inévitable, mais plutôt qu'une fuite en avant vers une abolition toujours plus poussée des barrières commerciales, un retour partiel vers une intégration moins poussée pourrait constituer la voie d'avenir.

Regagner les libertés

L'ordre hégémonique que le néolibéralisme met en œuvre pour imposer la logique de profit sur laquelle se fonde la globalisation marchande entre en conflit avec le maintien des libertés.

Pour faire respecter son idéologie dans le monde entier en refusant toute alternative, le néolibéralisme multiplie les moyens de surveillance et de répression, pour faire respecter son code de gouvernance et imposer son autorité. Le citoyen occidental jouit encore d'une assez large liberté d'expression. Il n'est que rarement emprisonné pour un délit d'opinion, mais il est de plus en plus surveillé. La société devient ainsi progressivement une *société de contrôle*, telle que l'avait théorisée Gilles Deleuze[219].

Les différentes crises qu'a subies le monde occidental ont conduit à chaque fois à introduire de nouveaux équipements de sécurité, notamment à la suite des menaces terroristes. La crise sanitaire de 2020 a encore amplifié cette tendance, qui alimente la peur collective. Les caméras de surveillance et les systèmes d'écoute ont envahi tous les secteurs de la vie quotidienne. La science et la technologie offrent une gamme toujours plus variée de moyens d'identification : contrôles anthropométriques, tests ADN, analyse d'images, moyens de décryptage, suivi des déplacements au moyen des téléphones portables.
Internet et les réseaux sociaux, qui offraient jusqu'à une date récente un espace de liberté, sont de plus en plus étroitement surveillés et censurés. L'intelligence artificielle permet de filtrer et d'analyser la totalité des informations qui circulent. Le traitement de la masse de données (*Big data*), recueillies en enregistrant tous les faits et gestes de la population, permet non seulement de détecter, à chaque instant, un mouvement suspect, mais aussi d'anticiper les comportements de la population.

Ce système de contrôle est poussé encore plus loin en Chine, qui s'en sert pour attribuer à chaque citoyen un

---

[219] Gilles Deleuze, *Post-scriptum sur les sociétés de contrôle*, in Pourparlers, Paris, Éditions De Minuit, Paris, 1990.

« crédit » social. Selon que son comportement est jugé positif ou négatif, le crédit affecté à chaque citoyen augmente ou diminue. La liberté d'agir dont il dispose, par exemple pour se rendre à l'étranger, en dépend, ce qui en fait une camisole sociale.

Certes, les pays occidentaux n'en sont pas encore là, mais on observe néanmoins une certaine convergence des méthodes employées et il est tout à fait possible que le système chinois représente l'aboutissement de l'évolution en cours.

Le *soft power* de l'information représente le grand enjeu du contrôle planétaire. Il permet d'agir sur l'opinion, en l'orientant vers des prises de position alignées sur celles du pouvoir, tout en discréditant les mouvements d'opposition. En contrôlant les médias, le pouvoir peut façonner l'opinion à sa guise, quitte à pratiquer la désinformation[220]. Toute interprétation des évènements en cours qui diffère de l'interprétation officielle est considérée comme « complotiste ». Elle peut être supprimée ou même interdite à ce titre.

Ayant assimilé toutes les leçons de la communication de masse, le système néolibéral, glisse progressivement vers un *totalitarisme bienveillant*, ou *soft totalitarisme*[221], censé apporter la démocratie et le

---

[220] Jacques Baud, *Gouverner par les fake news – Conflits internationaux : 30 ans d'intox utilisée par les occidentaux,* Max Milo, 2020.
[221] Natacha Polony & Le Comité Orwell, *Bienvenue dans le pire des mondes – Le triomphe du soft totalitarisme*, Éditions Plon, 2016.

bien à tous, mais jouant du simulacre et imposant, s'il le faut, par la force, sa conception du monde à ceux qui refuseraient de l'accepter spontanément.

La démocratie n'est assurément pas acquise à jamais. Elle est aujourd'hui soumise à différentes menaces et notamment au pouvoir corrupteur de l'argent. De futures crises ou catastrophes pourraient amplifier les dérives actuelles et conduire, demain, à un modèle autoritaire, avec tous les risques que représenterait une telle dérive. Plus que jamais, il est donc nécessaire de défendre les libertés, la liberté d'opinion et d'expression ainsi que la liberté d'agir, de créer ou d'entreprendre dans les limites fixées pour l'intérêt général.

La simplicité volontaire

La frugalité est source de liberté, car elle permet de se détacher des conditionnements matériels. Le comportement compulsif, qui pousse à boire, fumer ou se droguer, représente une forme d'addiction. Il en est de même en ce qui concerne les achats effectués sous le coup d'une impulsion, qui visent à compenser une impression de vide intérieur.

La pratique de la *simplicité volontaire* conduit à privilégier les biens immatériels et s'oppose à toute

forme de démonstration ostentatoire de richesse[222]. Un tel comportement ne peut émaner que d'une vie intérieure suffisamment accomplie. Une simplicité *consciente*, ou encore *profonde*, doit être pleinement acceptée. Dans le cas contraire, elle relève soit d'une situation de pauvreté, soit d'une contrainte imposée par une dictature.
Les principes qui fondent la simplicité volontaire ne sont pas nouveaux. Le détachement vis-à-vis des biens matériels qui ne sont pas indispensables a été recommandé par de grandes figures de la pensée telles que le Mahatma Gandhi, Léon Tolstoï ou Henry Thoreau. La simplicité volontaire est alors conçue comme une forme d'accomplissement personnel.

Actuellement, elle est surtout perçue comme un moyen pour préserver l'environnement, en étant associée à des pratiques écologiques. Opter pour la simplicité volontaire, c'est faire le choix d'une *sobriété heureuse*, selon les termes de Pierre Rabhi[223]. Renoncer au productivisme permet de préserver l'environnement, tout en privilégiant la qualité et l'hygiène de vie.

Le rejet de la société de consommation est déjà ancien. Il s'était notamment exprimé en mai 68. Ivan Illich a été l'un des premiers à en dénoncer les effets

---

[222] Duane Elgin, *Voluntary Simplicity: Toward a Way of Life That Is Outwardly Simple, Inwardly Rich*, 1981, Harper, 2010.
[223] Pierre Rabhi, *Vers la sobriété heureuse*, Actes Sud, 2014.

pernicieux. Comme il l'a montré, le bonheur véritable a besoin, pour s'épanouir, d'un climat de convivialité, fort éloigné de celui qu'engendre l'univers marchand[224].

Le mouvement de la *décroissance* a constamment dénoncé les méfaits de la politique de croissance à tout prix. Les *décroissants* rejettent l'idéologie de la consommation, afin non seulement d'éviter l'épuisement des ressources, mais aussi d'améliorer la qualité de vie[225].

Les objectifs poursuivis en faisant le choix de la simplicité volontaire concernent la préservation de l'environnement, mais aussi une meilleure qualité de vie, qu'il s'agit de substituer à la poursuite obsédante de la productivité.

Mener une vie plus équilibrée et plus calme, consacrer plus de temps à réfléchir et à créer, ménager sa santé font partie des buts recherchés. Ainsi, le mouvement Slow Food vise à promouvoir une « gastronomie libérée », afin de valoriser des produits locaux authentiques, tout en préservant l'environnement et la biodiversité[226].

La simplicité volontaire s'accorde avec la priorité attribuée aux biens culturels et immatériels, ainsi qu'avec la volonté de transformer la société en profondeur,

---

[224] Ivan Illich, *La Convivialité*, Seuil, 1973.
[225] Serge Latouche, *Le Pari de la décroissance, op. cit.*
[226] Carlo Petrini, *Libérez le goût, op. cit.*

d'assurer une meilleure protection de l'environnement et de tisser des liens sociaux plus solides.

Elle ne peut toutefois contribuer à la transformation de la société que si elle est totalement intégrée à la vie de la société, notamment dans le domaine économique.

L'innovation technologique peut contribuer à une telle évolution, à condition d'abandonner les critères fixés par la société de consommation. Une *innovation frugale* vise la réalisation d'objets et de solutions concrètes, simples et durables. Elle répond ainsi aux principes et aux besoins de la simplicité volontaire.

Les technologies frugales

La crise sanitaire a fait apparaître les limites de la globalisation actuelle et des conceptions technologiques qui lui sont associées. Elle a montré les risques qu'entraîne une dépendance excessive vis-à-vis d'autres pays, que ce soit dans le domaine des équipements, des matériaux ou des médicaments.

Elle a également mis en évidence l'utilité de techniques simples (masques en tissu, respirateurs adaptés à partir d'équipements de plongée) face à des technologies pointues qui réclament de longues mises au point et qui sont en général peu compatibles avec un besoin d'autonomie.

Il est apparu que des pays en développement, notamment en Afrique, sont souvent parvenus à obtenir de meilleurs résultats que des pays technologiquement avancés comme les États-Unis. Pour relever le niveau de résilience, il devient indispensable de revoir les pratiques associées à la globalisation, telles que la spécialisation à outrance, la pratique des flux tendus et l'absence de stocks.

Cette situation conduit à réfléchir à l'évolution de la technologie. Malgré les prouesses accomplies, son rôle demeure ambigu. Tout en offrant l'espoir d'un accès à des solutions qui permettront de surmonter les défis auxquels l'humanité est confrontée, la technologie porte également en elle de lourdes menaces. Elle est devenue capable de détruire l'humanité, que ce soit au travers d'une pandémie ou à la suite d'un conflit nucléaire.

Les développements technologiques peuvent conserver un rôle positif à condition d'être orientés vers la préservation de la vie, de la santé, de l'environnement plutôt que vers le seul profit ou la mise au point d'armements de plus en plus meurtriers.

Une technologie porteuse de sens n'est pas conçue comme un moyen de domination. Elle privilégie la fin plutôt que les moyens et reste au service de l'humanité. Elle respecte la vie et la conscience. Son impact sur l'environnement est limité, voire positif. Elle reste simple et durable, accessible au plus grand

nombre. Moins intense en énergie et nécessitant peu de ressources, elle évite les conditions extrêmes de transformation de la matière. S'inspirant des pratiques de la simplicité volontaire, elle aide à vivre en harmonie avec autrui et avec la nature, tout en limitant la consommation de ressources.
Suivant ce nouveau paradigme, la simplicité rime avec élégance et beauté, ainsi qu'avec une vie meilleure[227].

L'innovation frugale fait appel au recyclage et exploite les sous-produits de l'agriculture ou de l'industrie de façon à éviter le rejet de déchets[228]. Les équipements sont conçus de manière à être plus facilement réparables et recyclables. Au lieu d'être assemblés sous la forme d'un bloc compact, difficile à réparer et à recycler, ils sont constitués de modules qui peuvent être réparés ou échangés, sans qu'il soit nécessaire de changer l'ensemble.
Ils sont également conçus pour être pratiques et fonctionnels. Ainsi, pour se déplacer dans les métropoles actuelles, des équipements compacts et légers, vélos ou petites voitures compactes, sont mieux adaptés que des véhicules SUV ou de type 4X4.

L'innovation frugale est sans doute celle qui convient le mieux au monde de demain, un monde où il faudra

---

[227] Pierre Rabhi, *Vers la sobriété heureuse*, Actes Sud, 2014.
[228] Rohinton Mistry, *L'équilibre du monde*, LGF, 2017.

assurer des conditions de vie dignes à une dizaine de milliards d'habitants.

De telles formes d'innovation sont déjà pratiquées pour répondre aux besoins des pays en voie de développement. L'innovation *jugaad*, dont le nom dérive d'un terme hindi signifiant à la fois « ingéniosité » et « débrouillardise », conçoit des produits et des équipements utilisant les matériaux disponibles localement, y compris les déchets recyclés. Elle connaît à présent un large succès partout dans le monde, y compris en France[229].

L'innovation frugale s'intéresse non seulement aux moyens, mais aussi aux besoins qu'il s'agit de satisfaire de manière simple et efficace. Elle est à la portée de toutes les couches de la société et c'est ainsi qu'en Inde, Anil Kumar Gupta a pu recueillir des milliers d'innovations auprès des paysans qu'il a rencontrés[230]. Contrairement aux technologies *high-tech*, dont le développement dépend largement du complexe militaro-industriel, les technologies frugales[231] relèvent d'un usage pacifique et sont

---

[229] Navi Radjou, Jaideep Prabhu, Simone Ahuja, *Jugaad Innovation: Think Frugal, Be Flexible, Generate Breakthrough*, 2012, *L'innovation Jugaad – Redevenons ingénieux*, Éditions Diateino, 2013.

[230] Anil Kumar Gupta, *Grassroots Innovation: Minds on the Margin are not Marginal Minds*, Penguin Books India, 2016.

[231] Le terme de « technologies frugales » est préféré ici à celui de « technologies *low-tech* », car la conception des technologies frugales peut être très élaborée et s'appuyer sur une science de pointe.

respectueuses de l'environnement. Elles évitent l'utilisation de ressources rares et pratiquent un recyclage poussé des déchets.

Elles ne font pas étalage de prouesses techniques, mais visent la robustesse et la longévité. Elles ne sont pas le monopole de quelques-uns, mais sont accessibles au plus grand nombre. Étant plus simples, elles rendent leur utilisateur plus autonome.

Produites, entretenues et réparées localement, elles répondent particulièrement bien aux besoins des pays en développement ou des pays émergents, mais elles montrent aussi la voie à suivre aux pays plus développés. Associées à des pratiques visant à économiser énergie et matières premières, elles sont porteuses de sens, car soucieuses de la nature et de l'être humain[232].

Une pratique responsable de la liberté

La politique de dérégulation instaurée dans le cadre de la mondialisation a eu comme conséquence de modifier profondément la perception de la responsabilité qu'engage une décision économique.

Si le monde fonctionne comme un système auto-organisé, dont la destinée est indépendante de chacun des acteurs individuels, toute notion de responsabilité disparaît.

---

[232] Philippe Bihouix, *L'âge des low-techs : Vers une civilisation techniquement soutenable*, Anthropocène, 2014.

Un patron d'industrie se sent en général responsable des actions qu'il mène. C'est notamment le cas lorsqu'il licencie des employés ou lorsqu'il prend des décisions dont il connaît l'impact négatif sur l'environnement. Ses responsabilités sont l'une des justifications principales de son niveau de rémunération. Une mauvaise gestion de sa part, qui entraîne une ruine de son entreprise, est sanctionnée par une faillite.

Dans le système néolibéral, le profit réalisé est déconnecté du sort final de l'entreprise. Au sein d'une économie financiarisée, le *trader* n'est pas confronté à une réalité physique, mais à des chiffres et à des graphiques. Seul, face à ses écrans d'ordinateur, il agit en dehors de tout lien avec les employés des entreprises concernées par ses arbitrages. Ses responsabilités se limitent aux marges financières qu'il génère.
Les transactions qu'il gère portent sur des titres dont la valeur est découplée de la réalité physique et humaine. Les conséquences des décisions qu'il prend peuvent être dramatiques sans qu'il se sente impliqué. Les entreprises dont il fait fluctuer la valeur ne sont pour lui qu'une réalité abstraite. Les destructions occasionnées s'apparentent aux dégâts collatéraux produits au cours de guerres menées à distance, par l'intermédiaire d'ordinateurs et d'écrans vidéo.

Les règles de gouvernance, censées tempérer les excès possibles, ne permettent pas de compenser la contradiction fondamentale entre la primauté absolue attribuée au profit et la défense de l'intérêt général. Elles peuvent même avoir comme effet de déresponsabiliser encore plus les acteurs, en leur indiquant la procédure à suivre pour éviter tout état d'âme.

Rendre le capitalisme responsable de ses actes devient un enjeu essentiel pour les années à venir. L'intérêt général nécessite une réglementation adaptée, que ce soit pour protéger l'environnement ou pour éviter des disparités sociales trop importantes. La liberté de semer le chaos n'est pas acceptable. Le capitalisme dérégulé actuel ne peut être maintenu en l'état. Concilier liberté et responsabilité nécessite une réglementation adéquate et une transformation en profondeur du système actuel. Toutefois, des règles purement formelles ne suffiront pas. Chacun doit se sentir pleinement responsable de ses actes.

Se libérer du simulacre

S'inspirant de la *novlangue* décrite par Orwell dans *1984*[233], le monde plat use de puissants moyens de communication pour fabriquer une réalité virtuelle, présentant comme libre et avancé un monde dominé par le Marché, et comme vertueux des comportements inspirés par de simples calculs d'intérêts ou une volonté de pouvoir.

---

[233] George Orwell, *Nineteen Eighty-Four, op. cit.*

Dans le monde communiste de l'ex-URSS régnait la crainte permanente d'un dénonciateur en puissance qui se dissimulerait derrière chaque interlocuteur. L'omniprésence de la propagande s'était tellement insinuée dans les esprits qu'elle rendait impossible toute pensée alternative. Cette pratique du mensonge, aux dépens de la société, a largement contribué à la fin de l'URSS. La transparence (*glasnost*) voulue par Mikhaïl Gorbatchev est arrivée beaucoup trop tard pour en dissiper les effets corrosifs.

Après la chute de l'Union soviétique, le mensonge a pu se déployer beaucoup plus librement du côté occidental, d'autant plus qu'il pouvait s'inspirer des méthodes de publicité largement pratiquées par la société de consommation[234].

Dans le monde plat, le sourire commercial remplace le contact authentique. L'amabilité constitue une tactique de vente. Un bonheur factice remplace le bonheur véritable. De façon plus préoccupante, le Mal est accepté au nom du Bien, les guerres sont menées en prétendant défendre la démocratie et les droits de l'homme. Le mensonge imprègne le quotidien des politiques et des médias au point qu'il devient une habitude.

Dans ce monde factice, on ne sait plus qui est l'adversaire ou l'allié, le terroriste ou le sauveur, le tyran ou le père de la nation. L'artefact remplace l'origi-

---

[234] Anne-Cécile Robert, *Dernières nouvelles du mensonge*, Lux Éditeur, 2021.

nal ; le virtuel, le réel ; le faux, le vrai. La publicité, la communication et le *storytelling* donnent de la réalité une représentation arrangée selon les intérêts poursuivis. Les mensonges successifs, tels que la pseudo-existence d'armes de destruction massive en Irak, décrédibilisent les politiques et font que l'opinion finit par ne plus croire en rien ni en personne.

Le simulacre est incompatible avec l'inspiration et la beauté. Les régimes totalitaires ont toujours produit des œuvres sans âme, lourdes et démesurées, car dictées par la propagande. La laideur d'un monde livré à l'utilitarisme guette le monde plat, s'il demeure incapable de se ressaisir.

Dans une société humaine, une certaine dose de violence sous une forme ou sous une autre est sans doute inévitable. Toutefois, à une violence ouverte, sans honte, en pleine lumière, le monde plat préfère substituer une violence rampante subtile, une persécution invisible, mais cependant implacable, à la fois économique et culturelle, incluant le conditionnement des enfants, d'autant plus impitoyable qu'il est impersonnel et indirect, l'habile diffusion de mensonges mortels pour l'âme, ainsi que la violence dissimulée sous l'apparence de la douceur.

Retrouver un sens n'est possible qu'en sortant du simulacre et du mensonge, pour revenir à une forme d'authenticité et de vérité. Toutefois, il n'existe pas de méthode infaillible pour y parvenir. Un nouvel état d'esprit, une forme de culture tournée vers la sincérité et l'authenticité, la spiritualité, une intelligence lucide sont les seuls remèdes pour échapper aux pièges du simulacre[235].

Placer aux postes de responsabilité des femmes et des hommes d'une sincérité exemplaire constitue le moyen le plus sûr pour éviter les dérives mensongères. Pour limiter les abus, il est souhaitable d'ouvrir le recrutement à ces postes aussi largement que possible, de façon à éviter qu'ils ne soient accaparés par une caste de privilégiés exposés à la corruption[236].

Face à la puissance de l'argent, la société du sens mise sur les idées, la création, la beauté et la compassion, tout en acceptant comme inévitable l'ambiguïté[237] que comporte chaque action humaine.

Échapper à l'oppression

Lorsqu'un groupe social se sent opprimé, le désir de liberté suscite un *esprit de résistance*, qui s'élève contre l'injustice et l'oppression. La prise de conscience qui en résulte s'incarne dans quelques personnes et se transmet ensuite à tout un peuple.

C'est en s'appuyant sur une conviction intérieure que les grandes figures de l'Histoire ont trouvé la

---

[235] André Comte-Sponville, *Petit traité des grandes vertus*, PUF, 1995.
[236] Paul Jorion, *Défense et illustration du genre humain*, Fayard, 2018.
[237] André Comte-Sponville, *Le sexe ni la mort*, Albin Michel, 2012.

force de résister à la tyrannie. Des personnalités comme Dietrich Bonhoeffer, Alexandre Soljenitsyne, Martin Luther King ou Nelson Mandela ont puisé dans leur énergie spirituelle le courage nécessaire pour aller de l'avant, en payant parfois de leur vie leur engagement.

L'esprit de résistance s'est manifesté face à l'occupation étrangère ou à des régimes totalitaires, souvent sous une forme non violente. De nombreux mouvements ont milité pour l'indépendance de leur pays, notamment au cours des guerres coloniales. D'autres formes de résistance, telles que le mouvement zapatiste au Mexique, sont venues de populations autochtones opprimées, comme les Mayas du Chiapas.

Les révoltes populaires ont été souvent réprimées dans le sang, alors même qu'elles étaient non violentes, comme en Chine, lors du massacre de la place de Tien An Men en 1989.

Des mouvements de *désobéissance civile*[238] ont été créés pour défendre les droits de minorités, vis-à-vis de législations racistes, comme ce fut le cas aux États-Unis ou en Afrique du Sud ou pour dénoncer des lois injustes.

La désobéissance à des lois jugées iniques, notamment lorsqu'elles instituent des formes de discrimination, a

---

[238] On utilise également le terme de désobéissance *civique*, qui exprime plus particulièrement la résistance à une législation jugée injuste.

toujours constitué l'une des principales formes de résistance non violente. L'écrivain Henry David Thoreau a fait partie de ceux qui ont préconisé la désobéissance civile pour dénoncer la pratique de l'esclavage à son époque, n'hésitant pas à mettre ses idées en pratique[239].

Après la chute de l'URSS, les mouvements révolutionnaires et anticapitalistes, qui ne bénéficiaient plus de ce soutien, ont été obligés de se réinventer pour résister au pouvoir. De nouvelles priorités, comme la défense des peuples indigènes et les droits de la nature, sont apparues entre-temps.
En Bolivie, la constitution adoptée en 2009 sous l'impulsion du président Evo Morales a prévu des droits spécifiques pour les populations indigènes, dans le but notamment de protéger leurs langues et leurs cultures. Malheureusement, cet homme sincère et courageux a été chassé par un coup d'État.
Dans une tout autre région du monde, le mouvement Rojava, implanté dans le Kurdistan syrien, a défendu l'autonomie du Kurdistan, mais aussi la démocratie et la cause des femmes. Les combattantes kurdes ont résisté à l'État islamique au même titre que leurs collègues masculins. Dans ce cas également, la suite des évènements s'est avérée tragique, car les troupes kurdes, qui avaient combattu l'État islamique (Daesh), ont été attaquées par la Turquie

---

[239] Henry David Thoreau, *Resistance to Civil Government*, 1849.

dans le but d'étouffer toute tentative de formation d'une nation kurde.

Les luttes menées par les minorités rejoignent fréquemment la défense de causes plus larges, pour plus de justice et de liberté, qui concernent l'ensemble de l'humanité.

Dans la société occidentale actuelle, la dissidence est rarement punie de mort. Toutefois, la plupart des politiques, des diplomates, des fonctionnaires ou des journalistes savent que le conformisme est la plus sûre des protections. Ceux qui voudraient exprimer des vues dissidentes risquent souvent leur carrière. En outre, la dépendance croissante des médias vis-à-vis de leurs sponsors rend de plus en plus difficile toute expression d'une pensée alternative.

En informant l'opinion d'agissements contraires à la loi ou à la constitution démocratique d'un pays, les *lanceurs d'alerte* font preuve d'un grand courage et peuvent être comparés aux dissidents soviétiques qui dénonçaient les actions illégitimes du pouvoir. Certains, comme Julian Assange, Edward Snowden ou Chelsea Manning, ont acquis une renommée internationale pour avoir dénoncé des actions illégitimes et parfois criminelles. Toutefois, le sort qui leur est fait montre les limites de la liberté dans des pays présumés démocratiques. La situation n'en est que pire dans des pays comme la Chine, qui n'acceptent pas le principe de la liberté d'opinion.

Le respect des normes sociales incite au conformisme et à la dissimulation. En imposant la soumission aux procédures plutôt qu'en incitant à la prise d'initiatives, le mode de gouvernance actuel favorise une attitude passive.

Les vertus d'honneur et de courage ne font pas partie des procédures bureaucratiques en vigueur, qui incitent plutôt à adopter un formalisme tatillon. En poussant au conformisme et en encourageant diverses formes de censure, y compris l'autocensure, elles réfrènent tout sentiment de liberté et toute recherche de vérité.

Un *retournement* est nécessaire pour retrouver l'esprit de résistance. Aller à contre-courant des idées reçues et du politiquement correct requiert du courage. Les actes de résistance face à l'oppression demandent une résolution inébranlable. Faire preuve d'un courage qui puisse rendre capable d'affronter la mort requiert un profond cheminement intérieur.

La *fin du courage* qu'entraîne la perte de sens fait courir des risques mortels à la démocratie, comme le souligne la philosophe Cynthia Fleury[240]. C'est en se reliant à sa conscience profonde qu'il devient possible de renouer avec l'esprit de résistance.

Regagner un espace de liberté

Il est certes possible, comme l'a montré Victor E. Frankl, de trouver un sens à son existence au milieu

---

[240] Cynthia Fleury, *La Fin du courage*, Le Livre de Poche, Biblio Essais, 2011.

des pires épreuves et en subissant les contraintes les plus extrêmes, car le sens relève avant tout d'une liberté intérieure.

Toutefois, une société harmonieuse ne se construit qu'à partir des initiatives de tous ceux qui la composent. La créativité et la motivation nécessaires pour imaginer et mettre en œuvre de nouvelles solutions réclament la liberté de penser, de s'exprimer et d'entreprendre, dont chacun peut se prévaloir.

Reconnaître la liberté comme l'un des droits de l'homme a été l'un des grands acquis de la civilisation occidentale. Ce principe, qui est apparu tout d'abord en Europe, avec l'adoption de l'acte d'Habeas Corpus en 1679 au Royaume-Uni, puis de la déclaration des droits de l'Homme en France, a été étendu ailleurs et notamment aux États-Unis, qui ont adopté le libéralisme comme philosophie politique.

Cette ouverture progressive à la liberté ne s'est pas faite sans heurts, et des pratiques inacceptables, telles que la traite négrière et l'esclavage, se sont longtemps maintenues.

Même si la liberté est reconnue, en principe, comme un droit pour tous, elle se heurte à la concentration du pouvoir aux mains d'une minorité, qui ne laisse plus qu'un espace limité aux initiatives individuelles. Cette situation contribue au sentiment de crise actuel et doit être corrigée, sous peine d'un dépérissement de l'ensemble de la société.

Pour qu'elle puisse s'exprimer effectivement, il ne suffit pas que la liberté soit admise en principe, tout en restant découragée en pratique. Il faut que chaque citoyen puisse disposer de lieux adéquats pour s'exprimer, que ce soit dans le cadre d'universités, d'associations, de médias ou d'institutions politiques.

III – La conscience collective

7 - L'impératif des communs

La redécouverte du collectif

L'individualisme consumériste ne jouit plus de la même faveur qu'autrefois. Dans les pays émergents, il est encore en vogue auprès des couches les plus favorisées de la population, qui se comportent en nouveaux riches, à la recherche de luxe et d'ostentation.

Dans les pays développés, il n'a pas disparu, mais il est de plus en plus contesté, même si certains n'hésitent pas à pratiquer le luxe avec démesure. Toutefois, un tel comportement est à présent rejeté par tous ceux qui recherchent davantage de solidarité et de chaleur humaine.

Il en résulte une prise de distance vis-à-vis du modèle fondé sur la famille nucléaire, la propriété privée, l'habitat pavillonnaire et l'automobile, caractéristique des quartiers périurbains aux États-Unis. Ce mode de vie, auquel une grande partie de la population mondiale aspirait il y a encore quelques années, ne correspond plus à la situation actuelle et notamment à la nécessité de répondre à l'impératif écologique.

Les limites d'un mode de fonctionnement qui n'admet que la propriété privée commencent à être reconnues. L'utilisation d'équipements en partage (véhicules, outils ou même habitations) est de mieux en mieux acceptée et facilitée par les plateformes numériques qui gèrent les échanges.

La nécessité de plus en plus pressante de préserver l'environnement conduit par ailleurs à un retour en force de la notion de *communs*, alors que le terme lui-même, qui renvoyait à l'idée de communisme, était proscrit jusque-là.
Le retour du collectif se manifeste également par l'adhésion à de grandes causes planétaires telles que l'écologie, les droits des minorités ethniques ou LGBT, ainsi que l'opposition à toutes les formes de discrimination

La société-archipel

Le désir de nouer des liens sociaux suscite la création de multiples associations ou organisations, qui se réunissent autour de centres d'intérêt partagés.
Des communautés de pratique se rassemblent autour d'une passion commune, que ce soit la musique, l'informatique (*hackers*) ou la mise en œuvre de l'impression 3D (*makers*). Les communautés de vie acceptent de mettre leurs biens en commun, ce qui implique l'adhésion à un idéal commun.

Les *tribus* contemporaines, réunies par des goûts et des modes de vie partagés, se reconnaissent aux codes vestimentaires, comportements et références culturelles qu'elles pratiquent[241]. Elles se retrouvent à l'occasion de grands rassemblements, foires ou évènements festifs, comme la grande rencontre de *Burning Man*, organisée chaque année dans le désert Black Rock de l'Arizona, pour fêter le solstice d'été, durant laquelle chacun donne libre cours à son imagination et à sa fantaisie.

D'autres groupes sont liés par des convictions communes, religieuses ou politiques. Ainsi, l'influence exercée par les groupes salafistes peut être très puissante, y compris sur des jeunes non issus de l'immigration, en quête d'un sentiment de fraternité qui prend parfois des formes violentes.

De nombreux groupes militent pour la cause écologiste en agitant l'opinion. C'est ce que font notamment les militants du mouvement L214 en révélant les mauvais traitements infligés aux animaux à travers des images insoutenables qui sont diffusées dans les médias.

D'autres groupes mènent des actions visant à arrêter des projets jugés nuisibles pour l'environnement, souvent avec succès. C'est ainsi que l'opposition au projet d'aéroport à Notre-Dame-des-Landes a abouti à son abandon en 2018. Les communautés de vie, qui se sont installées sur le site prévu pour l'aéroport, ont expérimenté différents types d'habitats écolo-

---

[241] Michel Maffesoli, *Le Temps des tribus – Le déclin de l'individualisme dans les sociétés postmodernes*, La Table Ronde (3ᵉ édition), 2000.

giques, ainsi que de nouveaux modes de vie et d'organisation, parmi lesquels la mise en commun d'outils et d'équipements ou la production collaborative de fruits et légumes. Fonctionnant comme des laboratoires d'innovation sociale, de telles communautés testent ainsi des modèles qui préfigurent, au moins pour certains, la société de demain.

D'autres mouvements, notamment anarchistes ou « autonomes », tentent d'influencer la vie publique et de promouvoir des politiques alternatives. Les plus extrémistes, notamment ceux qui sont issus de la mouvance *black bloc*[242], n'hésitent pas à mener des actions violentes en s'attaquant à des banques ou à des magasins.

Les moyens numériques de communication et les réseaux sociaux permettent aux idées émises par ces différents groupes de se propager de manière virale et d'atteindre parfois une taille critique au-delà de laquelle leur propagation peut devenir très rapide[243].

Tous ces groupes témoignent du souhait d'épouser des causes collectives, en dépassant le stade des aspirations individuelles. Toutefois, ils sont fréquemment en désaccord ou même en conflit entre eux.

Une telle fragmentation est observée notamment en France, mais aussi dans d'autres pays occidentaux

---

[242] Le mouvement tient son nom de la tenue des manifestants, généralement cagoulés et vêtus de noir.
[243] Malcolm Gladwell, *The Tipping Point*, 1963, *Le Point de bascule*, Éditions Transcontinental, 2003.

comme les États-Unis. Il se forme alors une *société-archipel*, constituée de communautés isolées les unes des autres[244].

L'absence de vision commune conduit inévitablement à un sentiment de crise. Les divisions entre groupes reflètent fréquemment des fractures sociales, comme celles qui ont été mises en évidence en France par le mouvement des Gilets jaunes. Celui-ci a été souvent analysé en termes d'opposition entre, d'un côté, une France aisée et urbaine, et de l'autre, une France populaire et rurale. Même si cette grille d'interprétation est sans doute trop schématique, le mouvement met effectivement en évidence des clivages entre ceux qui pâtissent de la mondialisation et ceux qui en bénéficient.

L'émergence du commun

L'individualisme néolibéral a cherché à occulter la notion de *commun*, en étendant la propriété privée dans tous les domaines. Toute idée de bien commun était censée relever d'une idéologie communiste, tyrannique et inefficace.

La crise écologique et le réchauffement climatique ont marqué le retour du commun, en montrant que la préservation de certains biens communs comme

---

[244] Jérôme Fourquet, *L'archipel français – Naissance d'une nation multiple et divisée*, Éditions du Seuil, 2010.

l'environnement est devenue une question de survie pour l'humanité.

Durant toute la période de *dérégulation*, qui a conduit à la globalisation néolibérale actuelle, l'extension de la propriété privée a été défendue en affirmant que les biens privés sont mieux préservés et entretenus que les biens publics.

L'expérience des régimes communistes a effectivement montré que la propriété collective est souvent mal acceptée. C'est seulement grâce à l'adhésion d'une population militante que les kibboutz ont pu fonctionner avec succès. Lorsque ce type d'organisation est imposé de l'extérieur, les résultats obtenus sont beaucoup moins satisfaisants.

Les kolkhozes, sovkhozes, ainsi que les grandes entreprises étatiques en ex-URSS se sont avérés peu efficaces. Il a fallu concéder aux paysans un lopin de terre personnel. La planification centralisée, en ne laissant que peu de place aux initiatives, n'a pas été en mesure d'adapter l'économie aux besoins. Le système économique s'est montré, en outre, incapable de rétribuer correctement les efforts engagés par les acteurs les plus dynamiques.

L'idée déjà ancienne de *tragédie des biens communs* a été souvent évoquée pour expliquer qu'un bien commun, en accès libre et gratuit, qui est utile à tous, mais qui n'appartient à personne, risque d'être surexploité. L'un des exemples les plus parlants est celui de la pêche. Les océans étant un bien commun, la surexploitation due à la pêche industrielle a conduit à la quasi-disparition d'espèces entières, jadis abondantes, comme, par exemple, la morue.

Sur un plan historique, on désignait au Moyen Âge sous le terme de « communs » des pâturages appartenant à la collectivité. Ils ont servi d'exemple pour illustrer la tragédie des communs. Toutefois, il semble établi, à présent, que des règles d'exploitation collective, fonctionnant de manière satisfaisante, existaient à cette époque[245].

En Angleterre, au XVIIe et au XVIIIe siècle, le mouvement d'enclosure des communs, qui avait entrepris de privatiser et clôturer des espaces auparavant ouverts à la collectivité, a suscité de violents mouvements de révolte.

Une telle politique de privatisation des communs a été à nouveau pratiquée à grande échelle en Europe, au cours des années 1990, à l'initiative du mouvement néolibéral[246].

Initiée au Royaume-Uni par Margaret Thatcher, elle a consisté à transférer au secteur privé une grande partie des activités économiques et administratives, y compris celles qui relèvent d'un service public, comme l'enseignement, la police ou la justice, mal-

---

[245] Susan Buck Cox, "No tragedy on the commons", *Environmental Ethics*, 7, p. 49-61.

[246] Pierre Dardot, Christian Laval, *Commun – Essai sur la révolution au XXIe siècle*, Éditions La Découverte, Paris, 2014.

gré toute la difficulté de concilier la logique du profit privé avec l'intérêt général.

Les limites d'une telle politique sont rapidement apparues. Ainsi, la gestion des chemins de fer britanniques par des sociétés privées a conduit à un vieillissement des infrastructures de transport et du matériel roulant, au détriment de la performance et de la sécurité. De ce fait, il a été nécessaire de renationaliser certaines lignes.

L'environnement est un bien commun appartenant à toute l'humanité, et même le premier d'entre eux. Sans la sauvegarde des milieux naturels, de l'eau et de l'air, toute vie disparaît.

L'air, l'eau, les différentes espèces animales et végétales, les paysages naturels constituent des biens communs qui ne peuvent être privatisés et qu'il est nécessaire de préserver, non seulement pour ceux qui vivent aujourd'hui, mais également pour les générations futures. C'est ce constat qui a redonné toute sa vigueur au concept de communs.

Les cultures anciennes des différents peuples font également partie du patrimoine mondial de l'humanité. Elles sont menacées par la globalisation et l'uniformisation qu'elle entraîne. Souvent, les populations auxquelles ces cultures appartiennent sont, elles-mêmes, prêtes à les abandonner, pensant ainsi pouvoir mieux bénéficier des progrès de la modernité. Comme dans le cas d'une perte de biodiversité, la disparition de ces cultures est en général irréversible et elles sont alors définitivement perdues pour l'humanité. Cet héritage traditionnel ancestral doit donc être considéré comme un trésor vivant à préserver[247].

Les services d'intérêt général assurés par la collectivité, tels que les écoles, les hôpitaux et les administrations publiques, dont le bon fonctionnement conditionne la qualité de vie et l'avenir de la société, font également partie des biens communs à protéger.

Parmi ces services, Internet doit être défendu en tant que bien commun, de façon à assurer son indépendance, ainsi qu'un libre accès à l'information pour tous[248]. Toutes les tentatives de censure, même lorsqu'elles relèvent de causes qui paraissent fondées, sont, à cet égard, très dangereuses.

Les politiques de gestion du commun

Les politiques publiques visant à assurer une bonne gestion des communs doivent convenir de prime abord des règles qui s'imposent et des procédures de délibération qui sont applicables aux prises de décisions collectives[249].

---

[247] Une telle notion est largement répandue au Japon, pour désigner des personnes qui préservent le patrimoine immatériel de la société ; elle est à présent reconnue par l'UNESCO.
[248] Lawrence Lessig, *The Future of Ideas – The Fate of the Commons in a Connected World*, Random House, New York, 2001.
[249] Dominique Bourg, *L'avenir de l'environnement*, « L'université de tous les savoirs », volume 6, « Qu'est-ce que la culture », Editions Odile Jacob, 2001.

Définir des principes juridiques dont pourrait s'inspirer une réglementation implique d'introduire un droit du commun, similaire à celui qui régit la propriété. Ce droit, qui reste largement à élaborer ou réactualiser, aurait notamment pour objet d'introduire la notion de patrimoine commun de l'humanité et de sanctuariser certaines formes de communs en instituant des biens *inappropriables*[250].

Les juridictions en place sont généralement fondées sur le principe selon lequel aucune activité ne doit nuire à autrui, par exemple en polluant l'air respiré par la population. Ce principe est, à présent, fréquemment jugé insuffisant.
Il est possible toutefois d'aller beaucoup plus loin, en mettant en place un système juridique non plus anthropocentré, mais biocentré, prenant en compte l'ensemble de ces biens communs de l'humanité que sont l'air, l'eau, les forêts ou les océans.
Une telle position, qui rejoint les principes de l'écologie profonde, trouve encore peu de place dans les politiques publiques, car elle demeure trop éloignée de la vision du monde actuellement dominante. Elle progresse toutefois dans l'opinion, notamment en Europe.

Selon Hans Jonas, seul un gouvernement d'experts serait capable d'évaluer les impacts à long terme des

---

[250] Pierre Dardot, Christian Laval, *Commun – Essai sur la révolution au XXIe siècle*, op. cit.

activités humaines. Cette prise de position a été critiquée, car jugée peu démocratique. De fait, une telle politique est plus simple à appliquer dans le cas d'un régime autoritaire, dont l'efficacité et la rapidité d'action sont les principaux atouts. Il est toutefois loin d'être certain qu'un mode de gouvernement comparable à celui qui est actuellement appliqué en Chine, où le niveau de pollution est particulièrement élevé, soit vraiment souhaitable dans le monde de demain.

Au lieu de déléguer l'ensemble des décisions à un comité d'experts, il serait également possible de confier à des personnalités reconnues une fonction d'information et de conseil dans le cadre de délibérations portant sur les réglementations et la création de nouvelles infrastructures.

Toutefois, le respect de la démocratie implique de consulter l'avis de la population locale avant toute réalisation d'un projet d'envergure.

Selon l'économiste Elinor Ostrom, des associations locales d'usagers sont plus à même de gérer des biens communs que les pouvoirs publics ou les compagnies privées[251]. La gestion des biens communs est, en effet, assurée dans les meilleures conditions par ceux qui en bénéficient le plus directement.

---

[251] Elinor Ostrom, *Governing the Commons: The Evolution of Institutions for Collective Action*, 1990 ; *La gouvernance des biens communs. Pour une nouvelle approche des ressources naturelles*, De Boeck, 2010.

Ainsi, pour protéger un étang, il est préférable de donner aux riverains les moyens d'intervenir et de ne pas se contenter de confier la gestion de la situation à une administration centrale.

Alors que pour le pouvoir néolibéral, les biens communs constituent des « externalités » gênantes, ils se situent au contraire au centre des priorités de la société du sens. Leur préservation nécessite des lois appropriées et des institutions dédiées. Elle est particulièrement difficile à assurer à grande échelle.
Le réchauffement climatique qui nécessite une coordination internationale en est un bon exemple. À l'évidence, l'action concertée de l'ensemble des nations, qui est nécessaire pour faire face à la situation, se heurte à des intérêts souvent divergents.
Les grandes organisations internationales s'avèrent peu efficaces. Des formes plus souples de coordination entre villes, associations, organisations non gouvernementales semblent plus à même de piloter des actions concrètes et de faire preuve de la réactivité nécessaire.

Pour assurer la protection des biens communs au niveau international, des mécanismes d'entraide doivent être prévus. Une grande partie des forêts tropicales est située dans des pays pauvres, qui ne peuvent, à eux seuls, en assurer l'entretien dans de bonnes conditions.

Ainsi, par exemple, la forêt d'Amazonie, qui constitue une réserve très riche de biodiversité devrait être considérée comme un bien commun, dont la préservation relève de l'humanité tout entière, bénéficiant à ce titre de contributions internationales.

Les communautés inspirées

Le retour du collectif se manifeste également par le désir de vivre à l'intérieur d'une communauté inspirée par un idéal.
L'instauration d'un lien social ne peut être imposée de l'extérieur. La plupart des projets qui visaient à créer des communautés de vie, en partageant entre tous l'ensemble des biens et des moyens de production, sont restés au stade d'expériences isolées.

La tentative d'imposer par la contrainte un modèle collectiviste a été un échec. La création d'appartements communautaires, partageant cuisine et équipements sanitaires entre plusieurs familles, a été mal vécue en raison de la promiscuité qui en résultait et du manque de liberté dans les choix d'aménagement ou de décoration.
La mise en commun des outils de production s'est également avérée peu efficace. L'expérience communiste a conduit non seulement à la débâcle économique de l'ex-URSS, mais aussi à un rejet massif d'un tel système par les populations auxquelles il avait été imposé. Les conséquences de ce refus sont appelées à persister encore longtemps.

Toutefois, alors que l'individualisme paraissait triompher, un attrait croissant pour des modes de vie collectifs se manifeste à présent, à travers la création de diverses communautés, allant des groupes de *hackers* aux communautés libertaires, héritières des phalanstères et des mouvements *hippies* des années soixante.
Certaines sont très lâches, notamment celles qui se forment par l'intermédiaire des réseaux sociaux. D'autres sont organisées en communautés de pratique, réunies par une passion commune, dans le but de partager des connaissances et un savoir-faire dans des domaines scientifiques, techniques, ludiques ou sportifs[252].

Enfin, il existe également de véritables communautés de vie, réunissant des participants prêts à accepter la vie en collectivité, dans le but de partager des idéaux communs. Elles se retrouvent fréquemment dans les nombreux écovillages qui ont été créés un peu partout dans le monde[253].

L'écovillage de Findhorn en Écosse abrite dans un cadre de vie harmonieux, un centre d'éducation et de formation, ainsi qu'une communauté spirituelle. Une école dispense un enseignement « holistique »,

---

[252] Étienne Wenger, *Communities of Practice: Learning, Meaning, and Identity*, Cambridge University Press, 1998.
[253] Jan Martin Bang, *Ecovillages: A Practical Guide to Sustainable Communities*, New Society Publishers, 2005.

afin d'aboutir à un développement complet de la personne. La communauté de Findhorn se fixe comme but de contribuer à un « futur positif », à travers des pratiques de développement personnel, de coopération et d'amitié entre les habitants et de « cocréation avec la nature ». Les jardins créés à Findhorn sont célèbres dans le monde entier[254].

L'écovillage de Tamera au Portugal pratique un habitat écologique et une permaculture s'inspirant des écosystèmes naturels, tout en organisant des sessions de formation pour diffuser les méthodes qui sont appliquées.

À une plus grande échelle, Auroville, fondée en 1968 par la compagne spirituelle de Sri Aurobindo près de Pondichéry, connue sous le nom de « la Mère », se présente comme une sorte d'utopie aboutie.

Auroville, où l'argent devait être banni, fonctionne grâce à ses activités commerciales et aux contributions des résidents temporaires ou de visiteurs. Elle reçoit des subventions de l'État indien et d'autres organismes, notamment européens. La ville n'appartient à personne et ne reconnaît ni hiérarchie ni dirigeant. Les classes sociales y sont en principe abolies. Elle opère comme une sorte de laboratoire, qui vise à mettre au point de nouvelles formes d'organisation sociale, d'habitat, mais aussi de culture et d'unité spirituelle. Le bilan de cette expérience reste mitigé

---

[254] The Findhorn Community, *The Findhorn Garden Story*, Findhorn Press Ltd., 3rd Revised edition, 2008.

et confirme la difficulté de concrétiser ce qui ressemble à une utopie.

Une communauté ne peut fonctionner harmonieusement que si elle reste ouverte sur le reste de la société et parvient à établir des relations viables avec son environnement.
Pour que sa cohésion sociale soit assurée, il est nécessaire que ses membres partagent un idéal commun. Ces conditions restent difficiles à réunir et à pérenniser. La communauté est toujours menacée par des conflits internes.
C'est la raison pour laquelle il semble utopique de vouloir transformer l'ensemble de la société en une vaste communauté. Toutefois, le simple fait de renforcer le lien social, en assurant une meilleure cohésion de la collectivité représente en soi un progrès important. L'enjeu actuel est de sortir d'une conception de la vie purement individualiste pour retrouver des valeurs collectives privilégiant l'intérêt général.

La relation à la nature

Le statut de la nature a profondément évolué. Jusqu'à une date récente, elle a été considérée comme un simple magasin, dans lequel il est possible de venir puiser gratuitement les ressources nécessaires. Même lorsqu'elle est admirée pour sa beauté, elle n'est appréciée qu'en fonction de l'agrément qu'elle apporte aux humains.

Cette situation a profondément évolué et les principes de l'écologie sont à présent mieux reconnus. Toutefois, le statut de la nature demeure ambigu. La nature ne doit-elle être reconnue que sous la forme d'un bien *pour l'humanité* ?

Mettre l'accent sur la responsabilité humaine, dès lors que l'homme a acquis le pouvoir de détruire la nature, reste la démarche actuellement la plus répandue. Le philosophe Hans Jonas a préconisé de guider l'action suivant le « Principe responsabilité ». Selon ce principe, chacun doit agir en tenant compte de toutes les conséquences, même à long terme, des actions qu'il entreprend, « de telle manière que les effets de ton action soient compatibles avec la permanence d'une vie authentiquement humaine sur terre[255] ». Un fonctionnement durable du système économique est manifestement une condition essentielle à respecter pour éviter une catastrophe à plus ou moins brève échéance[256]. Cette pensée a inspiré la notion de développement durable qui repose sur la responsabilité de chaque génération vis-à-vis de la génération suivante.

La notion de responsabilité ne peut pas être toutefois découplée d'une réflexion sur les valeurs capables de

---

[255] Hans Jonas, *Technik, Medizin und Ethik. Zur Praxis des Prinzips Verantwortung*, 1979, traduit en français, *Pour une éthique du futur*, Rivages Poche/Petite Bibliothèque, 1998.
[256] Pierre Caye, *Durer, op. cit.*

fonder une attitude éthique vis-à-vis de l'environnement. Le philosophe norvégien Arne Naess, à l'origine du mouvement de *l'écologie profonde*, a affirmé la nécessité d'opérer un changement plus radical dans la perception de la nature.
Selon lui, conférer une valeur centrale au vivant conduit à remettre en cause l'anthropocentrisme sur lequel est fondée l'écologie actuelle. C'est sur cette référence au vivant que doit être bâtie une véritable éthique environnementale.

Pour le mouvement de l'écologie profonde, la biosphère et l'ensemble des écosystèmes ont une valeur en soi, qui ne se ramène pas aux seuls services rendus aux êtres humains[257]. Le terme « profond » se réfère à un ressenti face à la nature. La relation avec l'environnement ne peut être analysée en termes purement rationnels, selon une conception mercantile.
Si l'on prête attention à ses émotions, une relation de sympathie et de compassion s'établit spontanément à l'égard de la nature et de l'ensemble des êtres vivants. L'écologie profonde ne peut pas être définie en s'appuyant uniquement sur une réflexion purement rationnelle. Elle répond à un ressenti qui se situe au plus profond de la conscience.
Les principes de l'écologie radicale sont rarement soutenus au niveau politique, mais présentent le mérite d'attirer l'attention sur la valeur intrinsèque de la vie,

---

[257] Arne Naess, David Rothenberg, *Vers l'écologie profonde*, Wildproject, 2009.

au-delà de l'usage qu'en fait l'homme. Les questions qui sont ainsi posées demeurent à l'heure actuelle ouvertes, car les principes éthiques qui en guident l'application restent encore largement débattus.

Notre attitude vis-à-vis de la nature ne se ramène pas à la somme de nos relations avec des objets particuliers. Contemplant l'horizon, le ciel, l'océan ou une forêt, nous éprouvons le sentiment d'une *unité* de la nature. La rumeur de la vie qu'elle abrite semble provenir d'une source unique.

Selon l'hypothèse Gaïa, émise par les biologistes James Lovelock et Lynn Margulis[258], la Terre tout entière, identifiée à la déesse Gaïa de la mythologie grecque, est comparable à un immense organisme vivant, doté de mécanismes complexes de régulation, qui rendent possible le maintien de la vie sur Terre. Selon James Lovelock, si nous ne la respectons pas, Gaïa réagira par des mécanismes qui assurent son homéostasie, de façon à éliminer une humanité dont le comportement parasitaire met en péril la totalité de la vie présente sur Terre. Cette perception de la nature marque l'apparition d'une nouvelle sensibilité. La nature n'est plus seulement assimilée à un environnement physique. Elle acquiert le visage de Gaïa, la Terre-Mère des Anciens.

---

[258] James Lovelock, *Ages of Gaïa. A Biography of Our Living Earth*, 1995 ; *Les Âges de Gaïa,* Odile Jacob, 1997.

James Lovelock a recherché des arguments scientifiques pour justifier une telle représentation. On peut néanmoins y voir le retour à une forme de religion, organisée autour du culte de la nature.

Percevoir la nature comme la référence suprême relève d'une attitude assez répandue aujourd'hui, dans le sillage de la vague écologiste et de la pensée du *New Age*. Une telle conception n'est pas nouvelle. Déjà au XVIIIe siècle, Jean-Jacques Rousseau attribuait à la nature tous les bienfaits. Toutefois, un tel point de vue relève en partie d'une illusion. Une jungle s'avère pleine de dangers pour l'être humain et tout ce qui provient de la nature ne lui est pas nécessairement bénéfique.

La position défendue par l'écologie profonde, selon laquelle il faut attribuer une valeur intrinsèque à la nature, se rattache à la conviction que tous les êtres vivants ont droit à la vie et qu'au niveau le plus profond, tous communiquent avec l'Ouvert[259].
La contemplation de la nature fait naître une écospiritualité, une transformation intérieure, une *metanoïa* qui permet à l'être intérieur de se relier à l'Ouvert.
Cette écospiritualité est de plus en plus répandue. Elle est par ailleurs de mieux en mieux acceptée par les grandes religions et notamment par les Églises chrétiennes[260].

---

[259] Alexandre Rojey, *À la recherche de la conscience perdue – La Présence et l'Ouvert*, op. cit.
[260] Michel Maxime Egger, *La Terre comme soi-même : Repères pour une écospiritualité*, Éditions Labor et Fides, 2012.

Une éthique de la vie

La nature n'est pas formée seulement de matière inerte. Elle abrite la vie sous des formes multiples. Le reconnaître conduit immédiatement à se poser de graves questions éthiques.
Quel comportement devons-nous adopter vis-à-vis des différents êtres vivants qui nous entourent ? Qu'est-ce qui distingue une pierre, un végétal ou une amibe d'un singe ou d'un homme ?

Pour les mouvements antispécistes, les espèces animales possèdent des droits similaires à ceux de l'espèce humaine, ce qui rend moralement inacceptable l'élevage des animaux pour la production de viande.
Pour justifier une telle position, le philosophe Peter Singer se fonde sur la sensibilité des animaux, leur capacité à éprouver du plaisir ou de la douleur[261]. Il rejoint ainsi l'idée exprimée par le philosophe Jeremy Bentham[262], selon laquelle il faut agir « de manière qu'il en résulte le plus de bonheur pour le plus grand nombre », en incluant tous les êtres sensibles dans cette évaluation du bonheur collectif.

Refuser d'admettre les différences entre les espèces n'est sans doute pas la meilleure façon de défendre

---

[261] Peter Singer, *La Libération animale*, Éditions Grasset, 1993.
[262] Le philosophe britannique Jeremy Bentham (1748-1832) a introduit « l'utilitarisme » comme mouvement de pensée.

la cause animale. On ne peut placer au même niveau un moustique et un éléphant. De ce fait, la distinction radicale entre humains et non-humains qui est souvent admise ne paraît pas acceptable.

Notre intuition nous incite à affirmer avec certitude qu'un animal n'est pas une chose. L'idée que défendait Descartes d'un animal-machine n'est guère recevable aujourd'hui.

C'est en se référant aux notions de conscience et de présence qu'il est possible de se rapprocher d'une conception plus juste. Tout au long de la chaîne continue des êtres vivants qui va de l'amibe à l'homme, la percée de sensibilité s'élargit de manière progressive. À ce titre, un singe est beaucoup plus proche d'un homme qu'il ne l'est d'une amibe. Un singe mérite affection et compassion. Une attitude de compassion n'est pas exclue vis-à-vis du moindre insecte, mais on ne peut imaginer à l'égard d'un insecte une relation d'affection comparable à celle qui nous lie à un chien ou à un chat.

Il en résulte un des problèmes éthiques les plus graves de notre temps. Comment faire face à la maltraitance animale, qui est malheureusement très répandue ?

Toutes les pratiques cruelles qu'occasionnent l'élevage intensif ou la chasse sont inacceptables. La consommation de viande pose également un problème moral, mais, dans ce domaine, il sera difficile de progresser autrement que par étapes. Les souffrances supportées par des millions et même des milliards d'êtres vivants soulèvent le cœur[263]. Si, dans l'avenir, une civilisation avancée, une civilisation du sens, parvient à émerger, elle aura comme obligation morale de les supprimer. Considérer l'intelligence comme un facteur discriminant décisif ne semble pas correct, car comment situer alors un nourrisson sur une telle échelle de valeurs ?

Prendre prétexte du fait bien triste que de nombreux êtres humains souffrent de la misère et parfois de la faim ne peut justifier le sort réservé aux animaux, d'autant plus que la consommation de viande ne fait que renforcer la dégradation de l'environnement et entre en conflit avec la possibilité de nourrir correctement l'ensemble de la population humaine.

Assurer la paix

Les institutions sociales de la République ont comme rôle de garantir les biens communs que sont la liberté, la sécurité et la démocratie. De tous ces biens communs, la paix est sans doute le plus précieux. Sans la paix, il est impossible de construire un monde meilleur.

Au cours du XXe siècle, l'Europe a connu deux guerres terribles qui ont dévasté le continent. Au len-

---

[263] Environ 150 milliards d'animaux sont tués chaque année pour être mangés par l'homme, dont plus d'un milliard en France.

demain de la Seconde Guerre mondiale, il s'agissait de reconstruire la paix. Des institutions internationales comme l'Organisation des Nations unies ont été chargées de veiller au maintien de la paix, partout dans le monde.

L'Allemagne, qui était encore divisée après sa défaite, a été réintégrée dans le concert des nations et sa partie occidentale a participé à la création de l'Union européenne.

Pendant une longue période, malgré la guerre froide qui s'était instaurée entre les deux blocs, le monde n'a connu que des guerres régionales. Certaines ont été particulièrement violentes, comme la guerre de Corée et la guerre du Vietnam. Cette dernière a fortement marqué les mentalités, surtout aux États-Unis. Le pacifisme qu'elle a suscité a beaucoup contribué à réduire les tensions et à entretenir un climat de détente internationale. Des personnalités reconnues comme Alan F. Kay, l'un des pionniers de l'informatique aux États-Unis, ont milité activement pour la paix en parvenant à établir un dialogue confiant entre l'Est et l'Ouest[264].

Au cours de la guerre froide, la nécessité de mener une politique de détente s'était imposée en raison de la menace de destruction mutuelle que représentait une guerre nucléaire. Ainsi, la menace nucléaire a paradoxalement contribué au maintien de la paix

---

[264] Alan F.Kay, Dan Smith, *Eliminating War!* Copyright Alan F. Kay, 2009.

et à la signature de traités de non-prolifération et de désarmement nucléaire.

Au lendemain de la chute de l'URSS, on pouvait espérer qu'avec la fin de la guerre froide, une nouvelle ère de paix et de prospérité allait s'ouvrir dans le monde. Cette opportunité a été largement manquée.

Les néoconservateurs américains ont considéré que c'était là une victoire remportée grâce à la politique qu'ils avaient défendue. Il fallait donc la poursuivre sans ménager la Russie. Sous la conduite des États-Unis, les pays occidentaux se sont attribués la mission de régenter le monde. De multiples conflits ont éclaté dans le monde, notamment au Moyen-Orient, avec des interventions catastrophiques en Irak, Libye et Syrie qui ont été engagées sous le prétexte de défendre les droits de l'homme et la démocratie, mais qui ont contribué à dégrader encore la situation, tout en causant des millions de victimes, dont environ un million de victimes civiles en Irak[265]. L'Europe n'a pas été épargnée avec des conflits sanglants en ex-Yougoslavie et en Ukraine.

Une nouvelle guerre froide s'en est suivie, avec des sanctions contre la Russie et une reprise de la course aux armements. Elle s'est élargie à la Chine, avec une confrontation de plus en plus vive entre la Chine et le camp occidental.

---

[265] PSR, Physicians for Social Responsibility, *Body Count*, March 2015.

Les mouvements pacifistes sont actuellement fortement affaiblis dans le monde occidental. La guerre a été confiée à une armée de métier et parfois même à des mercenaires. En évitant de faire appel à des conscrits, il a été possible d'éviter les réactions hostiles de la jeunesse et en particulier de la population étudiante.

Un contrôle plus efficace de l'information a été introduit, qui s'est apparenté parfois à de la désinformation, notamment au moment de la seconde intervention en Irak, déclenchée à la suite de la prétendue détention d'armes de destruction massive par Saddam Hussein.

Depuis, les menaces n'ont fait que s'exacerber. L'OTAN multiplie ses bases militaires autour de la Russie et de la Chine. Les différents traités conclus durant la guerre froide pour limiter la course aux armements nucléaires ont été progressivement détricotés[266]. Les États-Unis ont recherché la primauté militaire par le déploiement de boucliers antimissiles et d'armes nucléaires dites tactiques. La Russie a répliqué par le développement de nouvelles armes.

Le monde est ainsi confronté à des menaces très préoccupantes, qui réclament une prise de conscience de l'ensemble des citoyens. Raviver la

---

[266] Notamment avec le retrait des États-Unis en juin 2002 du Traité ABM (Anti-Ballistic Missile), puis en août 2019, le retrait du Traité sur les forces nucléaires à portée intermédiaire (FNI).

flamme des mouvements pour la paix, afin d'éviter une nouvelle confrontation, devient urgent. Ceci implique d'informer l'opinion sur les dangers encourus, qui sont actuellement mal perçus, et d'inciter les gouvernements à reprendre la voie du dialogue et du désarmement.

Défendre l'intérêt général

La préservation de l'environnement devient une question de survie pour l'humanité. Si la pression sur les milieux naturels continue de progresser au rythme actuel, il sera difficile d'éviter un effondrement de la biodiversité et des écosystèmes dans les prochaines années.

Pour échapper à une issue fatale, il est donc nécessaire de mettre en place une politique de préservation des biens communs pour régénérer les écosystèmes. Cela ne sera possible qu'en replaçant l'intérêt général au centre des priorités. Celui-ci ne peut relever du seul État. Il doit devenir l'affaire de tous. Chacun peut y contribuer par son attitude et par ses gestes.
L'intérêt général est bien défendu quand il répond à des convictions profondes. Le respect de la vie et l'amour de la nature incitent mieux que tout règlement à protéger les sites naturels, en empêchant, par exemple, la destruction d'une forêt sans un motif

suffisamment sérieux. C'est aussi l'amour d'une région, d'un territoire ou d'une nation qui pousse à rechercher l'intérêt collectif avant le sien propre.

Les méthodes permettant d'associer l'ensemble des citoyens à la préservation de l'environnement et des biens communs sont disponibles. En 1996 déjà, l'économiste et prospectiviste Hazel Henderson a exposé les moyens à mettre en œuvre pour réconcilier l'économie avec l'intérêt général et la préservation de l'environnement[267]. Il faut cependant parvenir à surmonter les résistances qui s'exercent du fait des intérêts mis en jeu.
En privilégiant les intérêts particuliers plutôt que l'intérêt général, l'individualisme consumériste a institué une compétition de tous contre tous, car, dans un monde aux ressources finies, les intérêts particuliers sont mutuellement exclusifs. En raison des tensions sociales et de la dégradation de l'environnement qu'elle génère, la globalisation consumériste mène ainsi à une impasse.

Partant de ce constat, la *société du sens* cherche à promouvoir l'intérêt général, l'entente et la coopération. Elle élargit et transpose les valeurs intérieures en leur associant les valeurs collectives de la coopération et de l'altruisme. Le lien social, sur lequel elle fonde son organisation, se construit à partir de convictions communes et d'une conscience partagée.

---

[267] Hazel Henderson, *Building a Win-Win World*, op. cit.

À rebours d'un modèle fondé sur la contrainte et la coercition, la société du sens mise sur la solidarité et l'entente entre nations pour limiter les risques de conflits. Réduire les inégalités répond à un souci de justice, mais aussi à la nécessité de renforcer la cohésion sociale.

De même, la volonté de rapprocher les conditions de vie et de travail entre pays pauvres et pays riches répond non seulement à un impératif moral de justice, mais aussi au souci de limiter les délocalisations brutales vers les pays où les travailleurs sont les plus exploités.

L'esprit de compétition permanente, source de tensions psychologiques et sociales, fait place à un esprit de coopération. Au sein de l'entreprise, la capacité à créer un esprit d'équipe est reconnue comme primordiale. L'impératif de l'intérêt général redonne un sens à la politique et à la gestion des affaires publiques. Il conduit à une vision d'avenir compatible avec la préservation de l'environnement et une saine utilisation des biens communs.

8 - La société du lien

La connexion empathique

La mondialisation de l'information, le développement d'une culture-monde, la multiplication des communications favorisent une meilleure compréhension entre individus, groupes humains et nations. Une connexion empathique entre personnes s'établit à partir du moment où l'on devient capable de ressentir soi-même ce qui est éprouvé par autrui, une frayeur dans le cas d'un danger, une joie dans le cas d'un évènement heureux.

Après une période marquée par l'exacerbation de la compétition entre les individus, le besoin d'empathie est de plus en plus fréquemment ressenti. Un comportement social fondé sur la seule recherche du profit ne peut répondre aux besoins d'affection de l'être humain ni assurer son épanouissement.

La capacité à éprouver des sentiments d'empathie semble faire partie des composantes innées du psychisme humain. Le fait de partager des émotions favoriserait la coopération entre les membres d'une même espèce et ferait ainsi partie des facteurs favorables en termes de sélection naturelle.

L'empathie a même été reliée à la présence de « neurones miroirs » dans le cerveau humain, qui auraient comme rôle de dupliquer une réaction d'émotion éprouvée par autrui[268]. Le neurologue Nicolas Danziger a montré toutefois qu'il est possible de développer des sentiments d'empathie tout en étant insensible à la douleur pour des raisons neurologiques, ce qui affaiblit cette théorie[269].

D'après le psychologue et primatologue Frans de Waal, les relations d'empathie sont répandues chez les primates. Un tel comportement, qui favorise la survie d'une espèce, se serait construit et développé tout au cours de l'évolution[270].

Ressentir de l'empathie n'est possible qu'à la condition de pouvoir communiquer avec autrui. L'expansion des communications à l'échelle mondiale favorise les échanges et la compréhension entre des personnes qui peuvent être très éloignées. Chaque étape d'introduction de nouveaux moyens de communication permet d'étendre les relations d'empathie à des groupes humains de plus en plus vastes.

Le développement d'Internet a ainsi suscité de grands espoirs de rapprochement entre les êtres hu-

---

[268] Giacomo Rizzolatti, Corrado Sinigaglia, Marilène Raiola, *Les neurones miroirs*, Éditions Odile Jacob, 2008.

[269] Nicolas Danziner, Isabelle Faillenot, Roland Peyron, "Can We Share a Pain We Never Felt? Neural Correlates of Empathy in Patients with Congenital Insensitivity to Pain", *Neuron*, Volume 61, Issue 2, pp. 203-212, January 29th, 2009.

[270] Frans de Waal, *L'âge de l'empathie – Leçons de la nature pour une société plus apaisée*, Les Liens qui Libèrent Éditions, 2010.

mains. D'après Jeremy Rifkin, l'extension de la communication à l'échelle planétaire à travers le réseau Internet va conduire le monde vers une « civilisation de l'Empathie », qui succéderait à la civilisation fondée sur la Raison de la période moderne[271].

Une telle évolution ne semble pas toutefois vérifiée dans les faits. Certes, le développement des moyens de communication facilite un rapprochement entre les individus et les peuples, mais la technologie ne peut à elle seule créer de l'empathie. Les échanges à distance ne remplacent pas des contacts plus directs. Ils mènent fréquemment à des situations de « solitude interactive ». Au Japon, les jeunes *hikikomori* qui vivent reclus chez eux, coupés de tout lien social, ne sont reliés au monde qu'à travers le réseau Internet.

Il est toutefois impossible de nier la révolution que représente Internet sur le plan social, comme la période de pandémie l'a amplement confirmé.

Un apprentissage de l'empathie est rarement intégré de manière explicite dans les programmes d'enseignement. Un certain nombre d'expériences menées dans le monde ont pourtant démontré qu'en utilisant des méthodes tournées vers l'écoute des émotions, il est possible d'améliorer l'attention des élèves et de lutter contre la violence.

Au Canada, l'association « Racines de l'empathie » s'est donné un tel but ; elle cherche notamment à développer les sentiments d'empathie des élèves à

---

[271] Jeremy Rifkin, *The Empathic Civilization*, *op. cit.*

l'égard de petits enfants sans défense, en proposant aux parents de les rencontrer avec leurs bébés[272].
En France, les différentes expériences qui ont été menées, notamment en région parisienne, pour aider les élèves à ressentir les émotions de leurs camarades de classe et pour établir une relation d'empathie avec l'enseignant, ont montré qu'il est possible ainsi de réduire sensiblement le niveau de violence[273].

Des contacts plus rapprochés et plus fréquents avec la nature conduisent à établir progressivement des liens d'empathie avec elle.
Passer sa vie dans une tour en béton rend difficile le maintien de tels liens. Au contraire, mieux connaître et comprendre le monde vivant aide à éprouver un sentiment d'empathie vis-à-vis du milieu environnant, qui s'élargit ensuite à la nature tout entière.

La conscience partagée

Au-delà de l'empathie, une véritable conscience collective est requise pour bâtir une communauté solidaire et pacifique, en lieu et place de la société de *particules élémentaires* qu'a évoquée Michel Houellebecq[274].

---

[272] Mary Gordon, *Racines de l'empathie – Changer le monde, un enfant à la fois*, 2305 rue de l'Université, 2015.
[273] Omar Zanna, Bertrand Jarry, *Cultiver l'empathie à l'école*, Dunod, 2018.
[274] Michel Houellebecq, *Les Particules élémentaires*, Paris, Flammarion, 1998.

L'exigence éthique nous pousse à aller au-delà des réactions d'empathie. Celles-ci nous font réagir vis-à-vis des souffrances qui sont exposées à nos yeux, mais nous laissent ignorer celles qui restent dissimulées à notre regard immédiat. Les responsables politiques et les états-majors militaires l'ont bien compris. Ils savent que la présence d'une caméra peut modifier la perception par l'opinion d'un conflit, selon la façon dont il est filmé, et contrôlent soigneusement les images qui sont communiquées aux médias.

Des liens affectifs durables, au-delà de toute réaction de nature émotive, se créent au niveau de la conscience profonde. L'empathie, qui se situe encore à un niveau neuronal, est alors remplacée par une relation de sympathie et de compassion.

Une véritable entente ou même un lien profond passent par un élargissement de la conscience individuelle, pour parvenir à un partage de conscience, en relation avec les autres, à l'unisson de leurs émotions, de leurs chagrins et de leurs joies.

Selon cette perspective, les relations personnelles ne sont plus fondées sur des calculs d'intérêts. Elles mettent en jeu un ressenti commun, qui englobe la joie suscitée par le bonheur d'autrui ou la compassion éprouvée pour le malheur subi. Elles naissent d'un élan libre et spontané provenant de l'intérieur de soi.

Le dialogue entre des personnes provenant d'horizons différents reste souvent difficile tant qu'il se situe à un niveau purement mental. Les différences d'opinions qui résultent de parcours de vie différents se transforment fréquemment en obstacles infranchissables pour une bonne compréhension mutuelle. Pour établir un dialogue constructif, il est donc nécessaire de commencer par comprendre la nature des expériences vécues par chacun de ceux qui y participent.

Le psychologue américain Carl Rogers a préconisé la pratique d'une écoute attentive et d'une parole chaleureuse pour guérir les dysfonctionnements de la vie en société[275].
Sa méthode thérapeutique fait intervenir la notion de *congruence*, c'est-à-dire la capacité de se trouver en concordance avec les pensées, les sentiments et les actes d'une autre personne. La congruence conduit à se placer au niveau des sentiments véritables, pour établir un échange sincère.

En descendant à un niveau de conscience suffisamment profond, il devient possible de se défaire de ses préjugés et des habitudes pour parvenir à un espace dans lequel les champs de présence se rejoignent, tandis que les distinctions individuelles s'évanouissent au profit d'un horizon commun. C'est au sein de cet espace, l'Ouvert, qu'un partage de conscience peut s'établir[276].

---

[275] Carl Rogers, *On Becoming a Person: A Therapist's View of Psychotherapy*, London : Constable, 1961 ; *Le développement de la personne*, Dunod, 2005.
[276] Alexandre Rojey, *À la recherche de la conscience perdue – La Présence et l'Ouvert, op. cit.*

Un véritable dialogue, non pollué par le jeu des rivalités ou un désir de domination, peut alors s'instaurer. Le processus qui mène à ce partage est schématisé sur la figure 5.

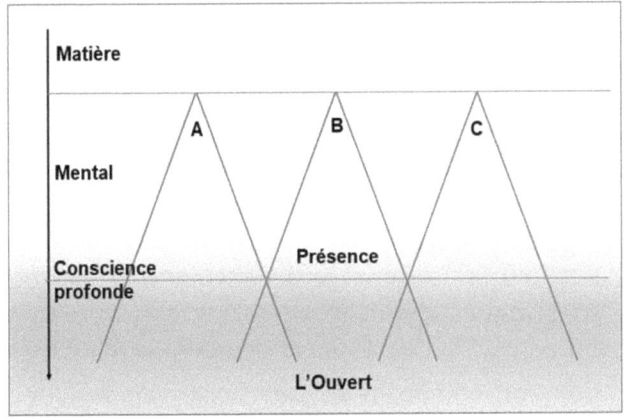

Figure 5 – Accès à l'Ouvert

Si les différentes personnes désignées par les lettres A, B et C sur le schéma de la figure 5 demeurent à un niveau mental relativement superficiel, les champs de présence à l'intérieur desquels ils se situent restent totalement disjoints et une entente profonde est impossible.

À un niveau de conscience plus profond, l'élargissement de ces champs de présence conduit à un recouvrement mutuel, à l'intérieur de l'espace de l'Ouvert, dans lequel les représentations conscientes et différenciantes s'évanouissent. Ce niveau qui est sous-jacent au mental est aussi celui de l'inconscient collectif, dont il a été question au chapitre 5.

Se placer dans un espace purement matériel conduit à affronter le multiple, les divisions et les conflits. Rejoindre l'Ouvert, ou du moins s'en rapprocher, permet alors de retrouver l'unité, au sein de laquelle toutes les distinctions tendent à s'annuler.
C'est à ce niveau que la construction collective d'un monde imaginal commun devient possible. L'expression artistique en est le vecteur privilégié. La musique mais aussi les arts plastiques créent un espace au sein duquel la distance entre l'œuvre et le spectateur s'abolit.
Au cours d'un concert, l'assistance ressent les émotions du compositeur. Des siècles après leur mort, nous pouvons encore partager les états d'âme de Mozart, de Brahms ou d'autres grands musiciens. Une symphonie réunit les esprits et les cœurs au diapason d'une vibration commune. La musique est la transposition sensible de l'onde qui se propage dans l'Ouvert.

Le sociologue allemand Harmut Rosa décrit les relations « de résonance et de sensibilité à la résonance, dont la formation (ou l'empêchement) obéit elle-même à l'organisation sociale[277] ». Le lien de résonance est « comme une corde qui se met à vibrer entre nous et le monde ».

---

[277] Harmut Rosa, *Resonanz : Eine Soziologie der Weltbeziehung*, 2016 ; *Résonance,* La Découverte, 2018.

La mise en résonance d'émotions communes soude une communauté autour d'un idéal partagé. Une communauté unie et solidaire se forme ainsi à travers les échanges qui s'établissent au sein de l'Ouvert.

De la compétition à la coopération

La société contemporaine, individualiste et matérialiste, privilégie la compétition aux dépens de la coopération. Le système éducatif privilégie la compétition dès le plus jeune âge. Une concurrence impitoyable est également instaurée entre les entreprises. Enfin, au niveau mondial, les nations s'affrontent en permanence et se livrent une guerre économique sans merci.

Le capitalisme néolibéral conçu à l'époque des années Reagan et Thatcher a été inspiré par le mécanisme darwinien de sélection naturelle, qui représente, selon ses partisans, un gage d'efficacité et de réussite. Les dégâts occasionnés par une telle conception sont de plus en plus apparents.
Il est pourtant clair que la société dans son ensemble ne peut prospérer que si chacun accepte de coopérer avec les autres. Introduire davantage de coopération au sein de la société est devenu indispensable.
 Dans un système démocratique, toute l'organisation de la vie en société repose sur le bon fonctionnement de mécanismes équitables de coopération

entre individus. La réalisation de projets de plus en plus complexes nécessite la coopération d'un nombre toujours croissant d'individus, qui doivent partager un objectif à atteindre.

La notion d'organisation coopérative du travail est déjà ancienne. Les premières coopératives datent du XIXᵉ siècle. Ce type d'organisations a été largement appliqué dans le domaine agricole, mais aussi dans de nombreux autres secteurs économiques, sociaux et culturels.
Des banques, des compagnies d'assurances et de nombreux groupements d'entreprises fonctionnent suivant ce principe. Selon l'ACI, l'Alliance coopérative internationale, les coopératives regroupent plus de 800 millions de personnes dans le monde, soit environ 12 % de la population mondiale.

À l'intérieur d'une entreprise, le niveau de coopération entre les membres du personnel dépend de son mode d'organisation.
Au mode de fonctionnement centralisé et pyramidal, il est possible de substituer une organisation en « cercles », suivant le concept d'*holarchie* initialement introduit par Arthur Koestler[278]. Ce modèle associe par niveaux de complexité croissante un ensemble de cercles (*holons*), capables de s'auto-organiser de manière quasiment autonome, tout en conservant des

---

[278] Arthur Koestler, *The Ghost in the Machine*, 1967 ; *Le Cheval dans la locomotive*, Les Belles Lettres, 2013.

liaisons souples avec l'ensemble de la structure. Chaque personne faisant partie d'un cercle participe à la prise des décisions au niveau correspondant, qui tiennent compte des objectifs fixés à l'ensemble de l'organisation. Un tel mode de fonctionnement, de type *holarchique*[279], a déjà connu un début de réalisation dans un certain nombre d'entreprises[280].

Un mode d'organisation similaire, par niveaux emboîtés, peut être mis en œuvre pour gérer les services de protection sociale, d'éducation et de préservation de l'environnement, de façon à décentraliser les décisions et à faire participer les usagers eux-mêmes au bon fonctionnement des organismes concernés.

La coopération et l'entraide au sein d'une organisation humaine, quelle qu'elle soit, s'appuient sur des relations de confiance et de sympathie entre tous ceux qui en font partie.

C'est le rôle essentiel d'un dirigeant politique ou d'un dirigeant d'entreprise que d'aider à construire de tels liens, en s'impliquant lui-même dans une relation de conscience partagée. C'est à son charisme personnel que se reconnaît la valeur d'un responsable, à condition toutefois que ce charisme soit sincère et ne soit pas mis en scène dans le cadre d'une entreprise de séduction, à l'image des cam-

---

[279] Ou « holocratique » ; ce terme désigne toutefois un nom de marque déposé.
[280] Salim Ismael, *Exponential Organizations*, A Singularity University Book, 2014.

pagnes d'autopromotion menées par les *leaders de charme* qui ont sévi dans un passé récent[281].

La société du partage

Les nouvelles générations sont moins intéressées par la possession d'un objet que par son usage. Des pratiques de prêt et de troc s'organisent autour de plateformes numériques de partage ou d'échange. On peut ainsi échanger des logements pour une période de vacances, partager l'usage d'une voiture ou d'un outil de bricolage. Plutôt que d'être jetés après une période d'utilisation relativement courte, les objets trouvent ainsi de nouveaux usages.

L'utilisation partagée d'objets ou d'équipements, que ce soit une automobile ou un outil de bricolage, permet d'en tirer un meilleur usage. Elle conduit à renoncer, au moins dans certains domaines, à la notion de propriété personnelle et exclusive, au profit d'un usage collectif, en évitant de s'encombrer d'objets inutiles.

Les technologies numériques facilitent la réalisation d'un tel objectif, en reliant tous ceux qui sont prêts à mettre en commun un objet, un projet ou une expérience. Des associations permettent aux particuliers d'échanger des services sur la base du temps passé. Chaque service rendu est rétribué par un chèque-

---

[281] Notamment Tony Blair et Bill Clinton.

temps, permettant de bénéficier en retour d'un service fourni par un autre membre de l'association durant un temps équivalent, quelle que soit la nature du service[282].

Le partage d'un objet, que ce soit une tondeuse à gazon, un outil de bricolage ou un sac à main, contribue au développement d'une *économie de la fonctionnalité*, suivant laquelle la fonction d'un objet prime sur sa possession. Les expériences d'autopartage ou de covoiturage en sont des illustrations. De telles pratiques contribuent à assurer un meilleur usage des ressources. Elles aident également à renforcer le lien social. Les échanges effectués dans ce cadre ne portent pas uniquement sur des objets ou des biens matériels, mais peuvent également concerner des services, des conseils ou des aides à la personne.
Le partage d'idées et d'expériences s'effectue à travers des échanges directs entre particuliers, mais aussi dans le cadre d'organisations et d'associations regroupant tous ceux qui font preuve de la même passion pour les activités les plus variées, qu'elles soient culturelles, telles que peinture et musique, ou pratiques, comme le bricolage et la cuisine.

Pour assurer de tels échanges, l'*économie collaborative* fait appel à des plateformes numériques, qui servent à organiser la mutualisation des ressources. Les sociétés qui gèrent actuellement ces plate-

---

[282] En France, les *Accorderies* fonctionnent selon ce principe.

formes, telles qu'Uber et BlaBlaCar dans le domaine de la mobilité ou Airbnb dans le secteur du logement, ont connu une croissance très rapide au niveau mondial.

Elles ont aussi conduit à des dérives, qui sont très perceptibles dans le cas d'Uber. Ceux qui travaillent pour la plateforme sont précarisés, car ils ne disposent que d'un statut d'autoentrepreneur sans les garanties sociales dont bénéficient les salariés. Les conséquences de la généralisation d'un tel système à d'autres secteurs de l'économie seraient très négatives sur le plan social. Il est donc abusif de parler d'économie collaborative dans le cas d'une société comme Uber. On peut toutefois espérer que ces déficiences pourront être corrigées dans l'avenir, tout en conservant les avantages de souplesse et de réactivité du dispositif.

À terme, des échanges directs, ne nécessitant plus de plateformes d'échange spécialisées, pourront éventuellement relier les utilisateurs, en toute sécurité, grâce à la technologie *blockchain*[283].

L'économie collaborative facilite les actions d'entraide, notamment en fournissant des services gratuits aux plus démunis. Elle permet de sortir de la logique du Marché, suivant laquelle tout service doit être payant. Elle favorise aussi la collaboration entre voisins, en les incitant à bâtir des relations amicales et à s'entraider.

---

[283] Chaînes de blocs de données sécurisées.

Le développement rapide des échanges entre particuliers entraîne toutefois des conflits potentiels avec les entreprises ou les artisans opérant selon des modes de fonctionnement plus traditionnels, ainsi qu'un manque à gagner fiscal pour l'État. La façon de procéder nécessite donc une réflexion approfondie et des mesures d'adaptation.

L'équité sociale

La financiarisation à outrance de l'économie a rendu inacceptable son mode de fonctionnement.
Pour qu'une entreprise humaine puisse garder un sens, ceux qui la dirigent doivent se sentir pleinement investis dans les missions qu'elle poursuit et les projets qu'elle vise à accomplir. Ce n'est plus le cas lorsque les entreprises sont soumises au contrôle d'actionnaires qui se désintéressent des activités qu'elles mènent et se contentent de suivre les fluctuations de leur cours en bourse.

C'est ainsi que les fonds de pension qui gèrent des volumes de capitaux très importants peuvent ruiner instantanément une entreprise ou même une nation, en décidant de transférer des capitaux d'un point de la planète à un autre pour des motifs de spéculation boursière.
Les sociétés de gestion d'actifs telles que BlackRock, dont le volume d'actifs s'est élevé à 7 429 milliards

de dollars en 2019[284], jouent un rôle comparable. En outre, en raison de leur poids financier, ces sociétés disposent d'un rôle de lobbying considérable au niveau politique.

Les fonds vautours misent sur la ruine d'une entreprise ou d'une nation pour réaliser des profits en revendant des pans d'activités. On est alors loin de la logique du capitalisme industriel, qui investissait dans la construction d'une usine.

Au lendemain de la Seconde Guerre mondiale, une forme de démocratie sociale a été maintenue en Europe durant une longue période, indépendamment de l'orientation des gouvernements de gauche ou de droite qui se sont succédé. L'État-providence veillait à la sécurité de l'ensemble des citoyens. Jusqu'au début des années 90, les inégalités ont régressé, tandis que se formait une classe moyenne englobant une part croissante de la population.

Qualifier ce régime de « capitaliste » serait réducteur, car, au moins dans le cas de la France, l'État jouait un rôle décisif. De grandes entreprises industrielles ainsi que les principales banques étaient des compagnies nationales. Pour réduire les inégalités, l'État-providence s'est appuyé sur un système de protection sociale et de redistribution des richesses. En outre, le capitalisme industriel et commercial était encore pour une large part un capitalisme familial pour lequel l'en-

---

[284] AFP/Le Figaro, 15 janvier 2020

treprise représentait un patrimoine à faire fructifier et à transmettre aux générations suivantes.

À partir des années 70 et en Europe surtout à partir des années 90, la situation a profondément changé. Le capitalisme néolibéral s'est emparé de l'ensemble du système économique. Toutes les grandes entreprises ainsi que les banques ont été privatisées. Le pouvoir a été totalement transféré aux actionnaires, auxquels les dirigeants des sociétés ont été associés par l'intermédiaire du système des *stock-options* qui leur alloue une rémunération alignée sur la valorisation boursière des entreprises.

L'évasion fiscale, volontiers qualifiée d'optimisation fiscale, et le rôle croissant des paradis fiscaux ont mis en échec, au moins en partie, la redistribution fiscale comme moyen de réduction des inégalités, même si cette solution reste souvent préconisée en raison de la simplicité, au moins apparente, de sa mise en œuvre[285].

En outre, la globalisation a introduit une contradiction rédhibitoire entre justice sociale et compétitivité économique. Pour toutes ces raisons, l'État-providence, tel qu'il a été instauré en Europe, est en train de péricliter et la question de l'avenir de la protection sociale se pose avec acuité.

---

[285] Notamment par Thomas Piketty dans *Le capital au 21e siècle*, *op. cit.*

Pour lutter contre les inégalités afin de rétablir l'équité sociale, il paraît plus important de s'attaquer à leurs causes plutôt qu'à leurs seuls effets. Agir sur les causes, c'est d'abord donner à chacun les mêmes chances de réussite, par un accès plus égalitaire à l'éducation et une absence de discrimination dans les conditions d'embauche. Toutefois, l'égalité des chances ne suffit pas à instaurer une véritable justice sociale, lorsque la conception même du système économique génère des inégalités.

La nécessité d'assurer un meilleur partage des responsabilités et d'introduire davantage de démocratie au sein des entreprises ou des organisations implique de favoriser la diversité des formations ainsi que des origines à l'intérieur des différentes structures, pour éviter la cooptation de castes sociales homogènes.

Outre son impact destructeur sur l'économie réelle, la spéculation financière génère des inégalités profondément injustes, qu'il serait souhaitable de freiner par des mesures de régulation adaptées. L'émission de monnaie des banques centrales pourrait favoriser davantage l'économie réelle en soutenant les entreprises et les nations, plutôt qu'en finançant les banques qui réalisent des profits spéculatifs. Les plateformes numériques rendent également possible un financement direct de l'économie par l'ensemble des citoyens à travers des levées de fonds collectives (*crowdfunding*).

Au niveau mondial, l'assainissement du mode de fonctionnement de la globalisation nécessite une convergence progressive des revenus et des conditions de protection sociale dans les différents pays du monde. Il n'existe pas, toutefois, de solution miracle pour supprimer les inégalités. Seul un effort continu et patient peut aider à se rapprocher du but visé.

L'économie solidaire

Face à une économie axée sur le profit, de nombreuses initiatives misent sur l'introduction d'une dimension éthique dans la gestion des entreprises. Elles visent notamment à redonner une place à tous ceux qui se trouvent exclus du fait d'un système contrôlé par les plus « forts » : jeunes de milieux défavorisés, immigrés, handicapés.

Regroupant un nombre croissant d'entreprises, coopératives, associations, mutuelles, syndicats et fondations, l'économie « sociale et solidaire » assure à présent une contribution significative à l'ensemble de l'économie. Elle peut également inclure des entreprises de grande taille, notamment dans le secteur de l'assurance qui a un rôle majeur à jouer sur ce plan.
Différents modes d'organisation innovants sont expérimentés. Ainsi, de nouveaux types de coopératives regroupent des entrepreneurs à l'intérieur d'une structure qui leur permet de mutualiser les activités

de gestion, ainsi que les risques, tout en conservant une très grande autonomie.

Cet *entrepreneuriat collectif* associe la souplesse de l'initiative individuelle à la robustesse d'une organisation de grande taille[286].

De nombreux entrepreneurs sociaux s'engagent dans des actions dont la finalité est l'entraide. Ils font participer des groupes défavorisés aux activités économiques et les aident à trouver un travail en accédant ainsi à plus de dignité sociale. L'association internationale Ashoka soutient financièrement et techniquement des entrepreneurs sociaux sur les cinq continents, en les faisant bénéficier de son réseau mondial. En 2020, elle a regroupé 4 000 entrepreneurs.

Les actions menées par les entrepreneurs sociaux concernent l'engagement civique, le développement économique, la santé, l'éducation. D'autres associations mènent des actions similaires par des moyens différents et les initiatives dans ce domaine sont très variées[287].

Le micro-crédit, qui a été introduit au Bangladesh par Muhammad Yunus, consiste à accorder des prêts

---

[286] En France, la coopérative *Coopaname* fonctionne selon ce modèle.

[287] Laurent de Cherisey, *Recherche volontaire pour changer le monde – Les clés du succès de ceux qui l'ont fait*, Presses de la Renaissance, Paris, 2008.

d'un montant réduit à des emprunteurs très pauvres, afin qu'ils puissent créer une activité leur permettant de gagner leur vie et de rembourser le prêt[288].

La Grameen Bank, créée par Muhammad Yunus, a rencontré un grand succès et a essaimé dans le monde entier. Les personnes vivant au-dessous du seuil de pauvreté, qui souhaitent bénéficier d'un prêt, sont incitées à former de petits groupes, pour s'entraider et dialoguer avec les représentants de la banque.

En Inde, environ 20 millions de femmes ont eu ainsi accès au micro-crédit à travers des groupes d'entraide. Le même principe a été étendu à de nombreux pays. Des plateformes Internet ont été constituées afin de fournir des prêts à des micro-entrepreneurs.

Le « commerce équitable », qui s'est développé à travers la création de nombreuses associations et organisations, rencontre un succès croissant auprès des consommateurs et aussi auprès de la grande distribution[289]. Les entreprises qui pratiquent le commerce équitable s'engagent à respecter des normes de transparence et de juste rémunération des producteurs. Les règles qui sont appliquées con-

---

[288] Johanna Mair, Kate Ganly, « Les entrepreneurs sociaux : l'innovation au service du développement durable » dans : *Comment sortir de la société de consommation*, Worldwatch Institute, Éditions de la Martinière, 2011.

[289] Corinne Gendron, Arturo Palma Torres, Véronique Bisaillon, *Quel commerce équitable pour demain – Pour une nouvelle gouvernance des échanges*, Éditions Écosociété, Montréal et Charles Léopold Mayer, Paris, 2009.

cernent également la protection des travailleurs locaux et de leur environnement. Les produits issus du commerce équitable font l'objet d'un label. Celui-ci permet au consommateur final d'avoir l'assurance qu'il s'agit d'un produit authentique, élaboré selon des règles éthiques.

Le commerce équitable n'est pas à l'abri de risques de dérive. Il peut notamment être utilisé comme simple argument commercial et exploité pour augmenter les marges. Toutefois, même si les risques de récupération à des fins purement commerciales du label qu'il délivre sont bien réels, il témoigne d'une volonté des consommateurs de ne pas se contenter d'un rôle purement passif et de devenir des acteurs du changement.
Le commerce équitable contribue ainsi à modifier profondément la relation entre le vendeur et un acheteur bien informé, prenant conscience de son pouvoir d'action.

L'économie a cherché pendant longtemps à se libérer des sciences humaines, en prétendant décrire l'ensemble des comportements humains par des modèles mathématiques qui reposent sur les seuls calculs d'intérêts. Ainsi, par exemple, les sommes que les parents investissent dans l'éducation de leurs enfants seraient déterminées par un calcul économique, en tenant compte du bénéfice futur que représente une sécurité accrue durant leur vieillesse[290].

---

[290] Gary S. Becker, *A Treatise on the Family*, Cambridge, MA, Harvard University Press, 1981, rev. ed., 1991.

À l'opposé d'une telle conception, il devient nécessaire d'intégrer l'économie dans le champ beaucoup plus vaste des sciences du vivant et des écosystèmes. Pour éviter de s'engager dans une impasse, l'économie doit se transformer en une *bioéconomie*[291].
Le vivant, plutôt que l'argent, devrait être considéré comme la valeur centrale en économie.

Le système économique ne peut demeurer viable à long terme qu'à condition d'opérer en symbiose avec l'environnement, en intégrant les activités humaines dans le fonctionnement des écosystèmes naturels. Cela suppose des modes de régulation capables de limiter la consommation de ressources et la production de déchets[292].
La conception des produits et des objets doit faciliter leur recyclage et minimiser leur impact sur l'environnement pendant toute leur durée de vie, *du berceau à la tombe*, c'est-à-dire depuis le stade de la conception jusqu'à celui de leur utilisation[293].

Les principes de régulation et des modèles économiques spécifiques, qui sont introduits pour prendre en compte les facteurs *bioéconomiques*, échappent à la logique de marché. Les mettre en œuvre permet

---

[291] René Passet, *L'économique et le vivant*, Economica, 1996, 2ᵉ éd. (1ʳᵉ éd. 1979).
[292] Alexandre Rojey, *L'avenir en question – Changer pour survivre*, Armand Colin, 2011.
[293] William McDonough, Michael Braungart, *Cradle to Cradle. Créer et recycler à l'infini*, Éditions Alternatives, 2011.

d'organiser un mode de vie harmonieux, dans le respect de l'environnement, et d'œuvrer pour la paix ainsi que la justice sociale.

La démocratie de tous

En assurant la participation de tous les citoyens à la vie publique, la démocratie est devenue un bien commun qui fait partie intégrante de toute construction d'une société du sens.
Même si des régimes autoritaires comme celui qui opère en Chine font preuve d'une certaine efficacité, la démocratie est clairement le seul système socialement acceptable, car il permet d'éviter, du moins en principe, qu'une minorité accapare le pouvoir à son profit exclusif.

Toutefois, la démocratie représentative, telle qu'elle existe en pratique, est souvent critiquée en raison de la distance qu'elle maintient entre les citoyens ordinaires et les responsables politiques. De nouvelles formes d'organisation sont donc recherchées en vue de rendre la démocratie *effective* et non plus seulement *formelle*, afin qu'elle ne soit pas confisquée par une caste ou un clan et devienne la *démocratie de tous*.

Un régime dominé par une oligarchie, même s'il procède à des élections, ne peut pas être considéré comme démocratique, car la démocratie suppose une participation active de l'ensemble des citoyens aux décisions qui engagent leur avenir.

De même, des inégalités sociales trop flagrantes au sein d'une nation sont incompatibles avec une représentation équitable de l'ensemble des citoyens. Les deux questions sont liées et une nation n'est vraiment démocratique qu'en l'absence de fortes inégalités.

Le sociologue américain Eric Olin Wright a qualifié *d'utopies réalistes* les modèles de société capables de concilier les critères de justice sociale avec des impératifs de réalisation concrète[294].

Suivant le type de pouvoir qui domine, étatique, social ou économique, il a désigné le régime politique comme dirigiste, social-démocrate ou libéral. Suivant cette définition, seul le régime qu'il qualifie de *social-démocrate* peut être considéré comme pleinement démocratique.

Dans le cas de la démocratie représentative classique, le pouvoir politique détenu en principe par les citoyens (pouvoir social) à travers leurs représentants est censé contrôler le pouvoir économique. Si ces représentants élus dépendent eux-mêmes du pouvoir économique, la relation est inversée et les citoyens perdent leur pouvoir de contrôle.

Ce risque devient particulièrement important lorsque les inégalités se creusent et qu'une oligarchie (supra-

---

[294] Erik Olin Wright, *Envisioning Real Utopias*, 2010 ; *Utopies réelles*, La Découverte, 2017.

société) s'empare du pouvoir effectif. La prise de contrôle par une minorité ainsi que le rejet de toute expression de la volonté populaire prennent un caractère systématique, rendant fictives les institutions démocratiques, même si elles subsistent en apparence. Une telle situation tend à s'instaurer dans nos vieilles démocraties. Dans de nombreux pays, l'argent contrôle de plus en plus étroitement la politique.

Le pouvoir, qui est détenu, de fait, par des groupes économiques et financiers, ne cherche pas à mobiliser l'opinion, mais au contraire à l'anesthésier, en usant d'un simulacre de liberté et de démocratie, pour faire croire que rien n'a changé. Un tel mode de gouvernement a été qualifié de « totalitarisme inversé », car les totalitarismes passés ont toujours cherché à embrigader les foules[295].

Au contraire, dans ce système de pouvoir détenu par la suprasociété, les citoyens n'appartenant pas à la minorité dirigeante sont déresponsabilisés et tenus à l'écart des mécanismes de décision. On leur explique que les « sachants » ont pris pour eux les bonnes décisions, car ce sont les seules possibles.

Il est possible d'instaurer davantage de démocratie en impliquant directement les citoyens dans la gestion des affaires publiques, qu'elles soient communales, territoriales, régionales ou nationales.

---

[295] Sheldon S. Wolin, *Democracy Inc. – Managed Democracy and the Specter of Inverted Totalitarianism*, Princeton University Press, 2008.

Au stade de la *démocratie participative*, il s'agit simplement de mettre en œuvre des procédures de consultation et de concertation, dans le cadre de délibérations publiques. Dans le cas d'une *démocratie directe*, les citoyens interviennent dans les processus de décision eux-mêmes.

Bien qu'aucun système politique ne relève totalement de la démocratie directe, il existe toutefois différents moyens pour s'en rapprocher. Les technologies numériques représentent à cet égard un puissant levier d'action pour mettre en œuvre différentes formes de démocratie participative ou directe, allant de la simple consultation jusqu'à une participation active des citoyens aux décisions.

Le référendum fait partie des outils à la disposition de la démocratie directe. Le référendum d'initiative populaire existe dans différents pays européens, notamment en Suisse et en Italie. Il a existé jusqu'en 2018 aux Pays-Bas, avant d'être supprimé, car il déplaisait à la classe politique.

Le référendum d'initiative populaire existe en France, mais les difficultés à le mettre en place sont telles qu'il n'a jamais pu être déclenché. Le référendum qui a conduit au Brexit est, bien entendu, celui qui a eu le plus de retentissement, même si ses conséquences restent encore difficiles à évaluer. En dépit de toutes les critiques qui ont été formulées, il est malgré tout remarquable qu'une initiative aussi importante ait pu être prise sur la base d'un suffrage populaire.

Le référendum peut être détourné de son usage démocratique s'il est utilisé sous la forme de plébiscite à un moment jugé favorable. Ses résultats peuvent être aussi ignorés, comme cela s'est passé en France à l'occasion du référendum sur le traité de Maastricht. Bien que celui-ci ait été rejeté avec une nette majorité en 2005, Nicolas Sarkozy n'en a pas tenu compte, en faisant ratifier le traité de Lisbonne, dont le contenu était équivalent.

L'usage du référendum a été souvent critiqué sous prétexte que la population appelée à voter serait incapable d'en mesurer les enjeux. Une telle opinion révèle cependant un mépris vis-à-vis de la notion même de démocratie, car elle pourrait être étendue à n'importe quel vote.

Une autre façon d'impliquer la société civile dans la gestion des affaires publiques consiste à désigner par tirage au sort des représentants de la population, comme cela était pratiqué à Athènes durant l'Antiquité. Le tirage au sort a été notamment appliqué en Islande en 2010, en vue de préparer une nouvelle Constitution[296]. Bien que ce processus n'ait pas pu être mené à son terme, il a constitué un remarquable exercice de démocratie.

Il est également possible de consulter les citoyens, comme cela a été fait en France en 2019, à l'occasion

---

[296] Le projet de Constitution, créé par 25 citoyens élus parmi 1 000 personnes tirées au sort, est toutefois resté bloqué au Parlement.

du Grand débat national, avec des résultats malheureusement peu probants.

En 2020, la Convention citoyenne pour le climat, composée de 150 citoyens tirés au sort, a émis 146 propositions, qui constituent un plan d'action global. On peut toutefois se demander si ce travail, qui a été très encadré, représente vraiment l'expression démocratique de l'ensemble des Français.

Toutes les formes de démocratie directe apparaissent en fait mieux adaptées à un niveau local qu'à un niveau régional. De nombreuses municipalités consultent les citoyens sur les mesures à prendre. Les citoyens, qui sont directement concernés par les décisions rendues, ont manifestement un avis à donner. Les impliquer permet d'améliorer la gestion de la cité et de responsabiliser l'ensemble des acteurs.

Au niveau d'implication le plus élevé, les citoyens participent à la cogestion des affaires publiques. Jusqu'à présent, une telle option n'est apparue réalisable que dans le cadre d'une collectivité de taille relativement réduite, l'échelle territoriale municipale étant celle qui paraît la mieux adaptée.

Ce constat a conduit le militant et penseur américain Murray Bookchin à préconiser le *municipalisme libertaire*[297].

---

[297] Murray Bookchin, Debbie Bookchin, *The Next Revolution: Popular Assemblies and the Promise of Direct Democracy*, Verso, 2008.

Les penseurs anarchistes du XIXe siècle avaient déjà proposé d'organiser une *fédération libre de communes autonomes*[298]. Ce concept, qui n'avait pas pu déboucher à l'époque, redevient d'actualité dans le contexte actuel, grâce notamment aux technologies numériques.

Un tel mode d'organisation repose sur la création de municipalités libres et autonomes, qui sont reliées en confédérations. Chaque municipalité forme une éco-communauté, qui fait participer l'ensemble des citoyens à la cogestion des activités publiques, aux côtés des représentants de l'administration.

La mise en œuvre de la démocratie n'est plus réservée à une poignée de responsables politiques, mais devient l'affaire de tous.

L'État-civilisation

Face au rejet croissant par les peuples du modèle de la globalisation néolibérale se pose la question d'une alternative. Une première réponse consiste à poursuivre la fuite en avant, pour aller vers toujours plus de globalisation, en visant l'avènement d'un « gouvernement mondial ».

L'idée d'un gouvernement mondial, défendue notamment par Jacques Attali[299], est à bien des égards

---

[298] Michel Bakounine, *Catéchisme révolutionnaire*, 1865.
[299] Jacques Attali, *Demain, Qui gouvernera le monde ?* Fayard, 2011.

séduisante. Les graves défis auxquels le monde est confronté doivent être abordés à une échelle planétaire. Cette concertation réclame avant tout un climat de détente.

Pourtant, la perspective d'un gouvernement mondial paraît pour le moment beaucoup trop lointaine et utopique. On connaît l'impuissance des organisations mondiales, telles que l'ONU, à faire respecter des décisions. À l'heure actuelle, le seul gouvernement mondial envisageable serait celui de la suprasociété, sous l'égide d'une puissance impériale, celle des États-Unis. Or, c'est déjà le pouvoir excessif de cette oligarchie qui génère les dérèglements actuels.

À l'opposé d'un tel concept de gouvernement mondial se situe l'idée d'un retour au concept de nation, à une souveraineté pleine et entière d'un État westphalien, libéré des interventions extérieures.

Le Brexit au Royaume-Uni, la montée des mouvements qualifiés de « populistes », le succès croissant du souverainisme, défendu notamment par le philosophe Michel Onfray, témoignent de ce retour à la nation comme alternative.

Toutefois, le concept de nation est lui-même quelque peu usé. Au fil du temps et notamment sous la poussée de la mondialisation, il a été assez largement vidé de sa substance. Sa définition actuelle est devenue essentiellement juridique. Être français aujourd'hui, c'est avant tout disposer de documents prouvant sa naissance en France ou l'acquisition de la nationalité française, quels que soient par ailleurs les sentiments que l'on ressent pour le pays. Appartenir à une nation consiste à respecter les lois de la nation, en apportant sa contribution et en recevant, en échange, des services.

Par ailleurs, les clivages intervenus entre les différents groupes sociaux conduisent à un effritement du lien social. L'appartenance de la France à l'Union européenne[300] ainsi qu'à l'Alliance Atlantique renforce le doute quant au périmètre réel de cette communauté. De ce fait, l'appartenance à une nation ne garantit pas l'existence d'un sentiment de solidarité entre ceux qui en font partie. Par contre, un sentiment d'identité trop marqué peut entraîner des réactions « nationalistes » et xénophobes.

Les pays européens ont adopté les modes de pensée des États-Unis, pays qui est dépourvu de toute histoire ancienne. Ils ont renoncé à leur héritage chrétien et oublié de larges pans de leur histoire.

Or, il ne sera possible de faire contrepoids à la globalisation qu'en conciliant la politique actuelle avec les traditions immémoriales. Fernand Braudel avait puissamment mis en garde les dirigeants en précisant que « l'Europe ne sera pas si elle ne s'appuie pas sur les vieilles forces qui l'ont faite, qui la travaillent

---

[300] *Europa, Notre histoire – L'héritage européen depuis Homère*, sous la direction d'Étienne François et Thomas Serrier, Les Arènes, 2017.

encore profondément, d'un mot si l'on néglige tous les humanismes vivants[301] ».

De nouvelles puissances émergentes, la Chine, l'Inde, la Russie, la Turquie, visent à réunir les populations qu'elles rassemblent autour d'une culture commune, issue d'un passé mythique. Incarner une civilisation permet aux populations concernées de retrouver une forme de verticalité et une vision du monde commune capable de les réunir. Une civilisation se caractérise avant tout par un certain ethos.

C'est en particulier le cas de la Chine, qui à partir de 2005, sous la présidence de Hu Jintao, a cherché à promouvoir le concept confucéen de « société harmonieuse ». C'est son successeur Xi Jinping qui a présenté la Chine comme un État-civilisation. La Chine a l'ambition de fusionner une civilisation millénaire avec un État moderne. Elle compte ainsi s'appuyer sur une tradition ancestrale pour tracer sa propre voie dans tous les domaines relevant de la politique, de l'économie, de la culture, de l'éducation ou de l'architecture[302].

Miser sur la tradition issue du passé est une façon d'assurer la stabilité, l'ordre et la pérennité de l'État, contrairement à ce qu'il se passe dans un monde oc-

---

[301] Fernand Braudel, *Grammaire des civilisations*, Éditions Arthaud, 1987.
[302] Zhang Weiwei, *The China Wave: Rise of a Civilizational State*, World Century Publishing Corporation, 2012.

cidental perçu comme sujet aux modes, à un « progressisme » permanent et aux mouvements de contestation. Bien entendu, ces arguments ne doivent pas faire oublier les défauts du système, le manque de liberté, le strict contrôle des médias, la répression menée à l'égard des dissidents et l'oppression de minorités, en particulier des Ouïghours et des Tibétains. Toutefois, l'Occident est de moins en moins bien placé pour les dénoncer.

La vision d'un État-civilisation séduit d'autres pays et en particulier la Russie[303]. Dès 2012, dans un discours à l'Assemblée fédérale russe, Vladimir Poutine a présenté la Russie comme un État civilisationnel, multiethnique, mais lié par une culture qui l'empêche de se « dissoudre dans un monde diversifié ». Sous la direction de Narendra Modi, l'Inde a également opéré un virage en cherchant à se recentrer sur sa culture et ses traditions. Certaines conséquences, comme la montée d'un nationalisme hindou et le rejet de minorités musulmanes, sont certes négatives, mais le but visé est de rétablir la cohésion du pays et de rendre sa fierté à une nation héritière d'une culture riche et ancienne, qui s'est sentie insuffisamment reconnue par d'autres et notamment par les pays occidentaux.

La Turquie, sous la conduite de Recep Tayyip Erdogan, affiche des positions similaires, en se référant à

---

[303] Christopher Coker, *The Rise of the Civilizational State*, Polity, 2018.

une civilisation ottomane, présentée comme glorieuse et offrant un contre-modèle vis-à-vis du monde occidental.

Ces politiques sont vivement critiquées par les Occidentaux qui qualifient d'autoritaires les dirigeants de ces pays, voulant dire par là qu'ils ne respectent pas les règles de la démocratie. Certes, le modèle de l'État-civilisation présente des défauts, mais ceux qui le critiquent font semblant d'ignorer le large soutien dont il bénéficie auprès des populations concernées, auxquelles il permet de retrouver une fierté et un cadre culturel qui leur est familier.

Un tel modèle pourrait-il être transposé dans le monde occidental et plus particulièrement au niveau européen ?
Dans son discours à la Conférence des ambassadeurs et ambassadrices du 27 août 2019, le président Emmanuel Macron a relevé les succès de la stratégie adoptée par la Chine, l'Inde et la Russie, qui se pensent « comme de véritables États-civilisations et qui viennent non seulement bousculer notre ordre international, qui viennent peser dans l'ordre économique, mais qui viennent aussi repenser l'ordre politique et l'imaginaire politique qui va avec, avec beaucoup de force et beaucoup plus d'inspiration que nous n'en avons ».

Pour le moment, la divergence entre les modèles suivis paraît considérable et il est sans doute trop tard pour revenir sur les choix qui ont été effectués. Pour autant, il apparaît aussi que si la France veut *retrouver une âme*, elle doit impérativement renouer avec sa culture et la préserver d'une disparition qui serait fatale au pays tout entier. Le chemin pour y parvenir n'est pas tracé d'avance et devra s'inventer progressivement en cours de route.

La France n'est pas isolée et fait partie de l'Union européenne. L'option consistant à se replier sur une identité nationale paraît assez peu réaliste, sauf dans l'hypothèse qui ne peut être complètement exclue d'une dislocation de l'Union européenne à la suite d'une crise de grande ampleur. Dans l'hypothèse plus probable d'une poursuite de la construction européenne, deux scénarios sont envisageables.

Dans un premier cas, la construction européenne englobait à terme la Russie, en formant un vaste ensemble allant de « Brest à Vladivostok », selon la vision du général de Gaulle[304]. Pourrait se constituer alors une civilisation européenne indépendante, formant une puissance d'équilibre entre les États-Unis et la Chine. Ce scénario paraît difficile à réaliser en raison d'une forte opposition des États-Unis et ne peut être envisagé que dans l'hypothèse d'un affaiblissement marqué de ces derniers. Toutefois, le Brexit qui a déplacé vers l'est le centre de gravité de l'Union européenne pourrait le faciliter.

---

[304] Julian Jackson, *De Gaulle, Une certaine idée de la France,* Éditions du Seuil, 2019.

Par contre, si l'Union européenne se construit contre la Russie en poursuivant la politique actuelle, elle restera fermement arrimée à l'Amérique et dépendante de la puissance militaire de l'OTAN.

Dans ce cas, il faudrait parler d'une civilisation occidentale plutôt que d'une civilisation européenne, avec le risque de replonger dans la logique inquiétante de deux blocs antagonistes et d'une nouvelle guerre froide. Les impératifs de puissance l'emporteront inévitablement sur ceux qui privilégient la construction d'une civilisation rénovée.

Par ailleurs, le contenu culturel d'une telle « civilisation » coupée de toute profondeur historique reste très vague. Dépourvue de toute verticalité et centrée sur la notion de Marché, elle constitue le monde plat actuel qui semble tourné vers une impasse.

À l'heure où les Européens[305] se cherchent des raisons de vivre ensemble au-delà d'une concurrence économique « libre et non faussée » et de réglementations opaques, seraient-ils réunis par une communauté venue du fond des âges ? Un spectre hante l'Europe : le spectre des Indo-Européens. Parti il y a quelques millénaires d'un lieu précis de l'Eurasie, un peuple conquérant et entreprenant aurait pris peu à peu le contrôle de toute l'Europe (à peu de chose près), de l'Iran et du plateau indien imposant partout son ordre, sa langue et sa culture. De sa langue originelle serait né, peu à peu, de façon arbo-

---

[305] Jean-Paul Demoule, *Mais où sont passés les Indo-Européens ? Le mythe d'origine de l'Occident*, Seuil, 2014.

rescente, l'ensemble des langues indo-européennes connues, de même que son mode de pensée originel aurait structuré les mythologies, les épopées et les institutions de locuteurs de ces langues. Les modèles qui ont été construits pour expliquer les ressemblances entre ces langues sont plus complexes et plus intéressants que bien des mythes plus récents.

Dans leur élan, ces peuples d'Europe partirent ensuite, il y a cinq siècles, à la conquête du reste de la planète, sur une large partie de laquelle on parle désormais des langues indo-européennes, en même temps qu'ils imposaient leur mode de pensée et de vie. Derrière ce « miracle européen » si souvent célébré, bien que déjà déclinant, faut-il évoquer un « miracle indo-européen » ? Malheureusement, cette question est devenue difficile à aborder sereinement, car sous le nom d'aryen, ce terme d'indo-européen a servi de prétexte aux pires idéologies et errements du XXe siècle.

De ce substrat initial se seraient nourries les cultures grecques et latines, puis chrétiennes de l'Europe dès lors qu'en 330, l'empereur Constantin a transféré à Byzance la capitale de l'Empire romain qui prit le nom de Constantinople[306].

---

[306] Il a ainsi détruit le mythe romain de la Ville éternelle, centre du monde civilisé. Converti au christianisme et baptisé en 337, il établit la *Liberté des cultes* dans l'Empire et favorise par son exemple la propagation de la foi chrétienne. Ce n'est qu'en 391 que le christianisme devint la religion officielle de l'Empire (interdiction des cultes païens par Théodore).

Admettre cet héritage ne devrait pas pour autant exclure d'autres apports, musulmans et juifs notamment, qui ont enrichi et enrichissent encore la culture européenne au travers de la richesse historique des échanges méditerranéens. Nul ne doit occulter les héritages culturels et scientifiques d'Alexandrie, d'Héliopolis[307] ou de Malte nonobstant les jeux de pouvoirs étatiques et religieux.

En raison de la multiplicité de ces apports, il est difficile de parler d'une civilisation européenne, au-delà des cultures régionales ou nationales. La civilisation, en Europe, s'est voulue universelle. Aujourd'hui, elle est souvent confondue avec une civilisation « occidentale », voire « atlantique ». En aucun cas, il n'est possible de la rattacher à une ethnie commune.

La communauté du lien

Selon le principe contractuel, qui fonde la société marchande actuelle, toute activité en faveur d'autrui est menée en échange d'une rétribution. Le principe du contrat social présente de nombreux mérites. Il protège notamment le citoyen de l'arbitraire du pouvoir.

---

[307] La « ville du Soleil », aujourd'hui en arabe *Aïn-ech-Chams*, soit l'« Œil du Soleil », est le nom donné par les Grecs à la ville antique d'Onou (ou Iounou) dans le delta du Nil. Elle était la capitale du treizième nome de Basse-Égypte.

Toutefois, dans un tel contexte, les actes spontanés et désintéressés constituent l'exception[308]. On pourrait même se demander ce qui les justifie mise à part une foi inébranlable, lorsque l'argent représente la mesure de toutes choses. Charles Péguy[309] avait prévenu en son temps le cataclysme que représente un monde dans lequel l'argent est le seul à régner avant Dieu, où l'argent est le maître de l'homme d'État comme il est le maître de l'homme d'affaires, du magistrat comme du simple citoyen, de l'État comme de l'école, du public comme du privé.

Selon Matthieu Ricard, l'altruisme constitue un « facteur déterminant de la qualité de notre existence, présente et à venir ». Face aux défis auxquels l'humanité est confrontée, l'altruisme est devenu « plus que jamais une nécessité, voire une urgence[310] ». L'argument d'un bonheur plus grand qui serait atteint par la pratique de l'altruisme est toutefois quelque peu dangereux, car il renvoie à une forme de rétribution.
Le véritable altruisme est désintéressé. Le caractère universel de l'empathie montre qu'une attitude altruiste peut être spontanée et donc naturelle. L'amour d'une mère pour son enfant en est la parfaite illustration, mais bien d'autres situations

---

[308] Ladislau Dowbor, *The Age of Unproductive Capital, New Architectures of Power*, Cambridge Scholars Publishing, 2019.
[309] Charles Péguy, *L'argent, Œuvres en prose complètes*, tome III, La Pléiade, Éditions Gallimard, 1992.
[310] Matthieu Ricard, *Plaidoyer pour l'altruisme*, Pocket, 2014.

démontrent le pouvoir de l'empathie et des sentiments d'affection.

Pour bâtir une société plus juste et plus harmonieuse, il est indispensable de faire appel aux valeurs d'altruisme et de partage. Les vertus de la coopération sur le plan social ne sont plus à démontrer. Toutes les grandes entreprises humaines sont des œuvres collectives, qui nécessitent pour réussir l'entente et la confiance mutuelle entre tous les participants.
Dans le cadre d'une économie mondialisée, cet esprit de coopération est désormais requis à une échelle planétaire, afin de pouvoir assurer l'harmonie sociale et préserver les biens communs, au premier rang desquels figure l'environnement.

En ce début du XXIe siècle, alors que la culture du monde occidental est dominée par l'individualisme et la puissance de l'argent, les valeurs collectives conservent une place essentielle dans les sociétés qui sont restées fidèles à leurs traditions ancestrales. En Chine, suivant la philosophie confucéenne, l'homme ne devient humain que dans sa relation avec autrui[311]. Le « sens de l'humain », désigné par le terme chinois de *ren*, s'applique à l'être humain vertueux qui fait preuve d'honnêteté et de loyauté dans ses relations avec autrui.
Dans le monde musulman, la notion d'*oumma*, communauté des croyants, permet de dépasser les

---

[311] Anne Cheng, *Histoire de la pensée chinoise*, Seuil, 1997.

limites des clans et des ethnies, pour réunir tous ceux qui partagent la même foi.

En Afrique, le concept d'*ubuntu* exprime l'idée que le bonheur individuel est inséparable du bonheur collectif. La notion d'*ubuntu* exprime l'essence profonde d'un être humain. Une personne « ubuntu » est sensible aux autres, prête à partager leurs souffrances et à leur venir en aide. La politique de réconciliation nationale menée par Nelson Mandela en Afrique du Sud a été inspirée par ce principe.

Rétablir un lien social qui s'est perdu ne sera possible qu'à condition de promouvoir la justice sociale et d'aboutir à une meilleure répartition des ressources, en facilitant l'émergence radicale de nouveaux modèles d'organisations[312]. Pour retrouver le lien qui permet de rassembler une communauté fraternelle autour d'un idéal, une *société du sens* doit parvenir à rétablir une même conscience partagée, en se tournant vers l'Ouvert, cet espace au sein duquel les distinctions et les oppositions sont abolies.

---

[312] Steven Lovink et Stuart Valentine, *Imagining Philanthropy for Life*, Transformation Books, Edition 2017.

9 - La cité de l'Ouvert

Le monde de demain

Le monde de demain ne va sans doute pas coïncider avec toutes les attentes qu'il fait naître aujourd'hui. Comme on l'a vu avec la pandémie de Covid-19, un évènement imprévu peut bloquer la machine économique et même les institutions sociales.
Ce monde, faut-il l'envisager avec optimisme ou pessimisme ? Nul ne sait ce qu'il deviendra effectivement, mais on peut imaginer qu'il associera le pire et le meilleur, dans des proportions qui restent toutefois inconnues.

Certaines tendances lourdes vont cependant persister. La population mondiale devrait continuer à augmenter, même si de larges incertitudes demeurent quant au niveau qu'elle atteindra d'ici la fin du siècle. On ne peut toutefois exclure une rupture qui se traduirait par un effondrement des ressources disponibles et, par voie de conséquence, une chute brutale de la population mondiale.

Cette population va être de plus en plus urbanisée. En 2018, le taux d'urbanisation a atteint 55 % de la population mondiale, et même 80 % dans les pays développés, tandis qu'il n'était encore que de 30 %

en 1950. Le nombre de mégapoles dépassant 10 millions d'habitants augmente rapidement. En 2030, le Monde devrait en compter 43 au lieu de deux seulement, New York et Tokyo, en 1950.

Toutefois, une part importante, proche de 40 %, de la population mondiale vit dans des bidonvilles, confrontée à la misère, à l'insalubrité et aux risques sanitaires. Ce phénomène s'accompagne, le plus souvent, d'une forte instabilité sociale et d'un niveau de criminalité élevé, comme on l'observe par exemple dans le cas des *favelas* au Brésil.
Parvenir à résorber progressivement ces zones de misère et souvent de non-droit représente l'un des plus grands défis des prochaines années.
Pour imaginer l'avenir à l'échelle mondiale, il serait donc erroné de partir de la situation actuelle dans les cités européennes. Il est sans doute plus exact de penser aux transformations que va connaître une ville comme Lagos, métropole tentaculaire de près de 15 millions d'habitants, qui connaît un développement anarchique, confrontée à la montée des eaux au bord de la lagune près de laquelle elle est construite.
L'avenir va être marqué également par la poursuite sans doute inexorable du réchauffement climatique, accompagnée d'une chute de la biodiversité et d'une raréfaction des ressources, notamment alimentaires.
Enfin, sauf en cas d'effondrement brutal, le progrès technologique devrait se poursuivre et façonner le futur, mais son impact réel reste difficile à anticiper.

Tout en aidant à résoudre les graves problèmes auxquels l'humanité est confrontée, il entraîne également de nouveaux risques, dont les conséquences pourraient devenir dramatiques s'il n'est pas correctement maîtrisé.

L'évocation de ces grandes tendances montre que la perspective d'un monde meilleur est loin d'être acquise. Pour bâtir une société du sens, il faudra parvenir à maîtriser la démographie, lutter contre la misère extrême, préserver l'environnement, limiter les risques technologiques. Ce sont là des défis considérables.

Il ne s'agit donc pas de se projeter dans l'utopie d'une cité idéale, mais simplement d'entrevoir une issue crédible. Il n'existe pas de recette infaillible pour réussir. Infléchir les tendances négatives actuelles ne pourra résulter que d'une mutation culturelle et d'une ouverture progressive de la société à un idéal collectif.

La crise de la technoscience

Les progrès technologiques récents ont été spectaculaires, notamment dans le domaine des technologies numériques. Les puces électroniques, les micro-ordinateurs et les smartphones ont envahi le grand public. D'autres secteurs ont également connu des progrès remarquables, comme l'ingénierie génétique qui ouvre la voie à une possible révolution thérapeutique.

Toutefois, la situation actuelle n'est plus la même qu'à l'époque de Jules Verne. Aujourd'hui, les avancées technologiques sont confrontées à de nombreuses incertitudes, qui font douter de leurs promesses.

Les technologies numériques elles-mêmes ont certes démontré leur utilité, notamment durant la crise sanitaire, mais elles ont également laissé apparaître des aspects préoccupants. Outre une consommation de plus en plus significative d'énergie et de matériaux dont certains sont peu abondants, elles génèrent un chômage important et facilitent le développement d'une économie financière virtuelle, fondée sur la spéculation.

Les technologies *high-tech* suscitent des réactions plus mitigées que par le passé. Le tourisme spatial ou le voyage vers Mars sont ressentis par une grande partie de la population comme une marque déplacée d'*hubris*, face à l'ensemble des problèmes auxquels la Terre est confrontée, un environnement de plus en plus dégradé et une humanité menacée par la misère, le manque de ressources et le réchauffement climatique.

La crise sanitaire a remis la santé au premier plan des préoccupations. Or, on constate que la durée de vie dans les pays développés plafonne et tend même à régresser dans certains pays comme les États-Unis.

Les perspectives qu'ouvre le transhumanisme, qui promet un *homme augmenté* grâce à des implants

« intelligents » placés dans son cerveau, peuvent être légitimement qualifiées d'inquiétantes. L'ingénierie génétique ouvre d'intéressantes perspectives thérapeutiques, mais les manipulations du génome humain ou animal pour produire des organismes génétiquement modifiés (OGM), ainsi que la synthèse de virus pathogènes à partir de fragments d'ADN, mènent à de dangereuses dérives.

L'industrie pharmaceutique est également mise en cause, car elle est accusée de faire passer ses intérêts financiers avant l'intérêt général, à travers ses actions de marketing et de lobbying.

La transition écologique et énergétique constitue le grand enjeu actuel. La prévention du réchauffement climatique nécessite de réduire dès à présent les émissions de gaz à effet de serre et de parvenir aussi rapidement que possible à la neutralité carbone.

De nouvelles technologies sont mises en avant pour y parvenir : panneaux photovoltaïques, éoliennes géantes, voitures et avions électriques ou à hydrogène. Ces différentes solutions sont présentées comme des opportunités économiques, capables de générer de nombreux emplois.

Malheureusement, elles présentent aussi de nombreuses difficultés qui ne sont pas résolues actuellement. Les énergies solaire et éolienne sont intermittentes et non modulables, ce qui ne permet pas d'assurer une fourniture en adéquation avec la demande. Elles nécessitent d'abondantes ressources en matériaux qui ne sont pas toujours recyclés ou même recyclables.

Le stockage d'énergie, qui devrait être développé de manière massive, reste coûteux. Il est assuré essentiellement par le pompage d'eau dans des lacs d'altitude, qui ne sont disponibles que dans des régions montagneuses et dont l'utilisation pose également des problèmes d'environnement.

La diffusion de la voiture électrique se heurte aux limitations des batteries : coût encore élevé, fiabilité, longévité et capacité de stockage insuffisantes. Il en résulte une autonomie encore restreinte, ce qui est d'autant plus problématique que le temps de recharge peut nécessiter plusieurs heures. Les progrès récents concernant les batteries au lithium ont certes permis d'améliorer la compétitivité de la filière. Leur fabrication nécessite toutefois une quantité importante de matériaux, rares pour certains, dont il faut tenir compte pour établir un bilan global.

L'utilisation de l'hydrogène comme carburant pour des voitures équipées de piles à combustible permettrait d'augmenter l'autonomie des véhicules, mais de nombreux problèmes restent à résoudre : distribution de l'hydrogène, stockage à bord des véhicules, réalisation de piles à combustible suffisamment fiables et économiques, problèmes de sécurité.

Aucune solution alternative applicable à grande échelle ne semble disponible pour le transport aérien. L'utilisation d'hydrogène liquide peut être envisagée, mais seulement à long terme pour un déploiement à grande échelle.

La plupart des technologies *high-tech* actuelles sont dépendantes de métaux critiques et de terres rares. Les téléphones portables nécessitent du cuivre, de l'or, de l'argent, du palladium, du platine. Les nouvelles batteries opèrent avec du lithium et du cobalt. Les terres rares, telles que lanthane, praséodyme, néodyme, samarium, sont notamment utilisées pour réaliser les aimants permanents qui équipent les éoliennes. La production des terres rares est concentrée en Chine, qui détient ainsi un atout stratégique dans le secteur des nouvelles technologies. Il en résulte des tensions, conduisant à une situation qui a pu être qualifiée de « guerre des métaux rares[313] ».

Tous ces matériaux sont mis en œuvre dans des équipements dont la durée de vie est limitée, souvent dans le cadre d'une politique d'obsolescence programmée. Les équipements sont de plus en plus difficilement réparables et les matériaux, fréquemment dispersés à la nanoéchelle, sont, de ce fait, difficilement recyclables.

Les technologies sont en outre soumises à des vagues d'innovation successives de plus en plus rapprochées. Ces vagues suivent un processus de *destruction créatrice*, selon l'expression de Schumpeter, l'innovation technologique réclamant constamment la destruction des technologies antérieures.

---

[313] Guillaume Pitron, *La guerre des terres rares : La face cachée de la transition énergétique et numérique*, Les Liens Qui Libèrent, 2018.

C'est ce que l'on observe dans le domaine des télécommunications avec la succession rapide des nouvelles générations de téléphonie sans fil, qui réclament à chaque fois de nouveaux équipements d'émission (antennes) et de réception (téléphones mobiles). En 2020, la 5G est arrivée sur le marché quelques années après la 4G, afin de répondre aux besoins de nouveaux marchés dans le domaine de la transmission de données (vidéos, Internet des objets).

La destruction créatrice est antinomique d'un fonctionnement durable de la société[314]. Elle risque d'affecter l'être humain lui-même, et il est donc nécessaire de réfléchir soigneusement à l'impact environnemental et social de chaque nouvelle vague d'innovation.

Ainsi, contrairement à ce qui est fréquemment avancé dans les médias, la technologie, loin de poursuivre un progrès triomphal, pourrait se heurter dans l'avenir à des limitations capables de compromettre gravement ses avancées. Il suffit de penser au cas de l'énergie nucléaire, dont les progrès au cours de ces dernières années ont été très limités, réduisant sa part dans la production mondiale d'électricité de 16,5 % en 1990 à environ 10 % en 2019.

En fait, à l'heure actuelle, en dehors du secteur des technologies numériques, dont le rythme de progression va sans doute ralentir, il est difficile de faire état de progrès décisifs.

---

[314] Pierre Caye, *Critique de la destruction créatrice*, Paris, Les Belles Lettres, 2015.

L'ethos de la cité

La conception du milieu urbain, du plus petit village jusqu'à la plus grande métropole, a constamment reflété une certaine vision du monde. L'aménagement de la ville ainsi que ses monuments reflètent l'ethos qui guide la société.

Dans les villages et les villes d'autrefois, un édifice religieux occupait la place centrale. Les clochers, les minarets ou les pagodes se voyaient de loin et rappelaient les aspirations de la population à une forme de verticalité.

La ville manifeste le goût de ses habitants, la magnificence à Venise, la sobriété à Amsterdam. L'ordre du jardin à la française s'oppose à la fantaisie du jardin à l'anglaise. Les rues rectilignes des villes romaines de l'Antiquité témoignent du sens de la discipline de leurs habitants. Les décors baroques de l'Europe catholique visent à détourner le fidèle de la sobriété protestante. Les gratte-ciels de New York incarnent une volonté de puissance.

Aujourd'hui, le besoin de vivre en symbiose avec la nature est de plus en plus répandu. Il répond au souhait de préserver l'environnement et de vivre dans des conditions plus saines et plus proches de la nature.

Les villes européennes ont été bâties à une époque où l'automobile n'existait pas. Elles étaient conçues pour être *contemplées* et non pour être *traversées*. Elles se prêtent à la marche à pied, à la circulation ou aux transports en commun, mais sont peu adaptées à la circulation automobile.

Durant la période moderne, c'est une conception industrielle qui a prévalu. Se donnant comme mission de répondre à des besoins purement utilitaires, elle a transformé l'habitat en « machine à habiter », selon l'expression de Le Corbusier. Pendant toute la période de reconstruction qui a suivi la Seconde Guerre mondiale, les grands ensembles ont été conçus pour loger un maximum de personnes. Il s'agissait en même temps de respecter un certain nombre de normes et de standards qui étaient censés définir des conditions de vie décentes.

Pourtant, beaucoup de ces grands ensembles sont apparus inhospitaliers. Mal entretenus, ils ont favorisé le développement de la délinquance. Le béton a été privilégié par rapport aux espaces verts, car il ne demandait pas d'entretien. Mais les grandes dalles en béton ne favorisent pas la convivialité.

De nombreuses villes dans le monde sont malades. Elles peuvent être rongées par la misère. Près d'un tiers des citadins vivent dans des bidonvilles, que l'on trouve notamment à Bombay, Lagos ou Rio de Janeiro. Leurs populations s'accroissent de manière anarchique en raison de l'exode rural. Les villes peuvent être également gangrenées par la violence et la corruption. Ce sont souvent les mêmes qui sont affectées par la misère.

Les villes nouvelles, qui ont été construites au XXe siècle, ont été conçues pour mettre en avant une volonté de renouveau. Une telle volonté avait déjà suscité la fondation au XVIIIe siècle de la ville de Saint-Pétersbourg, qui manifestait le désir de la Russie de se tourner vers l'Occident.

Pour son dernier grand projet, Le Corbusier a signé dans les années 50, avec la réalisation de Chandigarh, nouvelle capitale du Penjab, voulue par Nehru à la suite de la partition entre l'Inde et le Pakistan, un manifeste architectural et politique, dont le symbole est la Main Ouverte, monument qui représente « la main à donner et la main pour prendre la paix, la prospérité et l'unité de l'humanité ». La ville de Chandigarh, où l'art, la culture et la spiritualité tiennent un rôle majeur, symbolise l'union de la tradition et de la modernité dans l'Inde d'aujourd'hui.

La ville de Brasilia est sortie d'une terre vierge pour devenir en 1960 la capitale fédérale du Brésil. Conçue par les architectes Oscar Niemeyer et Lúcio Costa comme un manifeste du dynamisme brésilien et de la volonté du Brésil de se tourner vers de nouveaux espaces à l'intérieur de ses terres, elle a constitué le deuxième projet emblématique du XXe siècle.

La ville contemporaine telle qu'elle s'est développée aux États-Unis répond à des principes utilitaires. Elle réunit en général un quartier d'affaires constitué de gratte-ciels et des quartiers résidentiels qui prennent la forme d'un habitat pavillonnaire dispersé.

Ce modèle urbain impose l'automobile comme moyen de déplacement quasiment exclusif et, par voie de conséquence, une dépendance au pétrole. Il conduit à l'étalement urbain, à un « mitage » des campagnes et à une artificialisation croissante des sols. Il est également peu favorable au développement des échanges sociaux. La multiplication à perte de vue des résidences pavillonnaires engendre une impression de monotonie et prive les habitants de toute dimension symbolique. Répondant aux besoins d'une société fortement individualiste, ce type d'habitats incite chacun à vivre chez soi, en demeurant dans les limites de son jardin.

À l'inverse d'un tel modèle de ville diffuse, il est possible de réunir dans un même quartier les habitations, les commerces de proximité, les établissements d'enseignement, ainsi que les principales administrations. Les déplacements à l'intérieur du quartier sont alors assurés selon les cas à pied, en vélo ou à l'aide d'un moyen de transport en commun non polluant.
La diversification des activités au sein de chaque quartier favorise les échanges sociaux et la vie culturelle. Le commerce de proximité retrouve toute sa place et contribue à diffuser des produits de proximité.

La volonté de réhumaniser la ville a conduit des urbanistes et architectes conscients des dangers du modèle de la ville « diffuse » à créer, à partir des années 1980, puis dans les années 1990, une architecture à échelle humaine, privilégiant la marche à pied.

L'*architecture douce* cherche à éviter la monotonie et l'uniformité, en diversifiant les formes architecturales. La ville nouvelle de Jakriborg en Suède, le village expérimental de Poundbury, conçu en Angleterre par l'architecte Léon Krier, et le projet encore inachevé en 2020 « *Alta de Lisboa* », au nord de Lisbonne, figurent parmi les réalisations les plus connues en Europe.

Une volonté grandissante de préserver l'environnement, le désir de rendre les villes plus autonomes et le souhait de pouvoir mieux se relier à la nature ont conduit, dans les réalisations les plus récentes, à rechercher une forme de symbiose entre l'habitat et l'environnement.

La cité symbiotique

Les préoccupations contemporaines concernent principalement la préservation de l'environnement. Les principes de l'écologie urbaine ont déjà été mis en œuvre dans la conception de l'écohabitat et la réalisation d'écoquartiers, dont il existe à présent de nombreux exemples dans le monde.

L'écohabitat est conçu de manière à réduire la consommation d'énergie des bâtiments ainsi que leur impact sur l'environnement. Diminuer les déperditions thermiques, notamment en améliorant l'isolation du bâtiment, permet d'abaisser les besoins en chauffage à un niveau tel qu'ils sont assurés par les apports naturels. C'est le principe de la maison « passive ». En réduisant encore les pertes et en assurant une fourniture d'énergie renouvelable, il devient possible de réaliser une habitation à énergie positive, qui exporte sur un an plus d'énergie qu'elle n'en consomme.

L'architecture bioclimatique utilise au mieux les apports naturels d'énergie, en jouant sur l'exposition et la disposition des zones d'habitat. Les bâtiments intègrent fréquemment des capteurs solaires dans les parois ou les toits, ainsi que des murs-capteurs-accumulateurs, constitués d'un vitrage ou un isolant translucide placé devant une paroi en maçonnerie stockant la chaleur, pour restituer durant la nuit une partie de la chaleur captée durant le jour.

Des matériaux de construction naturels, tels que la brique en terre crue ou le bois et des fibres isolantes d'origine végétale ou animale, chanvre, lin, coton, laine de mouton, sont privilégiés. Des dispositifs sont conçus pour économiser l'eau et pour récupérer l'eau de pluie (notamment pour arroser les jardins).

De nombreuses réalisations d'ensembles construits selon les principes de l'habitat écologique existent déjà en Europe et dans le monde. Le quartier de BedZED (*Beddington Zero Energy Development*), réalisé en Angleterre au début des années 2000, a été l'un des premiers à en faire partie. Dans ce quartier, la consommation d'énergie et d'eau, ainsi que le volume des déchets rejetés ont été fortement réduits et les énergies renouvelables sont largement utilisées. Un réseau de transport en commun a été créé. La mixité sociale a été favorisée. Le quartier incorpore des commerces de proximité ainsi que des activités socioculturelles.

La ville de Fribourg-en-Brisgau a transformé en écoquartier le site qui était occupé par l'ancienne caserne Vauban. Les habitations sont conformes aux normes HQE. L'écoquartier utilise des énergies renouvelables, des matériaux écologiques et des toitures végétalisées. La place accordée aux voitures est limitée. Une ligne de tramway a été créée et les déplacements à vélo ou à pied sont facilités.

De nombreux autres projets ont été initiés dans le monde au cours de ces dernières années. Ces projets se situent notamment en Europe, mais aussi aux États-Unis, en Amérique latine (Brésil, Équateur) ou en Asie. En France, le label des écoquartiers a déjà été attribué à des centaines de projets.

En Chine, l'ambitieux projet de ville durable de Dongtan, conçu à l'occasion de l'exposition universelle de Shanghai en 2010, a été un échec, car il n'a pas su attirer une population capable d'assurer sa pérennité. Il en va de même pour le projet, à la fois écologique et futuriste, qui devait faire de Masdar, située au Moyen-Orient, à 17 km d'Abu Dhabi, la première ville « zéro-émission » du futur. Ceci montre qu'un projet d'écoquartier ne doit pas s'appuyer exclusivement sur des choix technologiques.

Au Brésil, les habitants de la ville de Curitiba ont été associés à l'élaboration des programmes visant à en faire une ville écologique, sous la conduite d'un maire charismatique, Jaime Lerner. La ville de Curitiba reste une ville dynamique et innovante, mais elle a progressivement rejoint le mode de vie des autres villes brésiliennes.

Des préoccupations plus spécifiques, liées à la volonté d'assurer une transition énergétique et écologique, ont conduit à la création du mouvement des « villes de transition », qui regroupe de nombreuses initiatives dans le monde, dont 150 en France. L'initiateur du mouvement, le Britannique Rob Hopkins, fait appel avec succès à la créativité collective.

Une *cité symbiotique* exerce sur l'environnement un impact non plus négatif, mais au contraire positif. Semblable à un organisme vivant, elle coexiste avec l'environnement dont elle dépend, sans le dégrader à la manière d'un parasite, mais au contraire en le fortifiant, à l'image du lichen qui associe aux fonctions d'assimilation du champignon la fonction de photosynthèse d'une algue.

Pour y parvenir, la cité symbiotique doit non seulement réduire sa consommation d'énergie, de matières premières et d'eau, mais aussi développer ses ressources propres. Parmi les moyens dont elle dispose figurent la récupération de l'eau de pluie, le recyclage des déchets, la culture de jardins potagers urbains et le recours à des sources d'énergie renouvelable localement disponibles.

Les bâtiments sont conçus de façon à servir de support à des jardins suspendus ou à des potagers urbains. Les habitations, entourées de jardins botaniques et de zones humides, permettent de redonner une place aux plantes et aux animaux, en préservant la biodiversité.

L'architecture elle-même peut devenir une « architecture végétale » ou « organique », qui s'inspire des formes de la nature et adopte des solutions biomimétiques. Rétablir un contact avec la nature permet d'offrir aux citadins un cadre de vie plus harmonieux. Une meilleure qualité de vie, des relations apaisées avec le voisinage, le retour à une forme de vie plus active, une autonomie accrue, ainsi que la possibilité de se ressourcer au sein d'un environnement préservé deviennent des valeurs déterminantes dans le choix de l'habitat.

La cité symbiotique est également plus résiliente, car moins dépendante des ressources extérieures, sur le plan énergétique ainsi que sur le plan alimentaire.

Le milieu humain

La cité du passé était adaptée à son milieu. La *chôra* antique, telle qu'on la retrouve un peu partout sur les îles de la mer Égée, constitue un exemple d'insertion harmonieuse de l'habitat humain dans un milieu naturel.

Située dans la montagne, au-dessus de la mer, la chôra s'intègre dans le relief, en suivant ses lignes et ses courbes. Les maisons s'accrochent aux rochers avoisinants et descendent jusqu'au bord des falaises. La chôra s'adapte aux besoins de ses habitants et s'organise autour d'un temple, d'une église ou d'un monastère, en manifestant ainsi ses valeurs spirituelles.

Une organisation similaire se retrouve dans les *médinas* du Maghreb, dont le dédale des rues a suivi le cours de l'Histoire plutôt qu'une planification préalable.

Pour bâtir une cité harmonieuse, il ne suffit pas de répondre aux besoins vitaux de ses habitants. L'harmonie naît d'un accord entre un site et la vie qui l'anime, les constructions humaines qui s'y trouvent, ainsi que les femmes et les hommes qui l'habitent. Or, l'unité qui existait dans le passé entre la ville et la nature environnante semble avoir disparu dans la plupart de nos villes contemporaines, trop souvent dispersées et inhospitalières.

Le concept de médiance a été développé par Augustin Berque, à partir de la notion de *fûdo*, le « milieu humain », introduite par l'écrivain japonais Tetsuro Watsuji. Suivant le concept de médiance (*fûdosei*), l'être humain ne peut pas être considéré comme un simple individu. Il fait partie d'une collectivité et vit dans un certain milieu, lui-même rattaché au cosmos.

Ce milieu humain comprend les caractéristiques géographiques d'un site façonné par le travail humain ainsi que les aspects culturels liés à l'Histoire. En associant aux caractéristiques physiques d'une région les significations symboliques qui lui sont attachées du fait de la présence humaine, la *médiance* confère un sens à un lieu géographique.

La médiance réunit milieu naturel, communauté humaine et patrimoine culturel, selon le schéma de la figure 6. Elle relie les générations successives. La collectivité survit à la mort de l'individu, en poursuivant l'œuvre à laquelle il a participé.

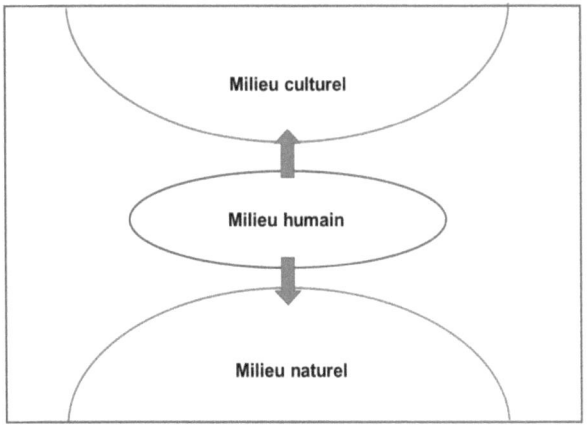

Figure 6 – La médiance comme relation entre milieux humain, naturel et culturel

Augustin Berque a qualifié d'*écoumène* un tel monde, connecté au milieu naturel et habité par la conscience humaine. À l'échelle de la Terre, il s'agit de créer un

lieu habité par l'homme, dans lequel les activités humaines sont menées en symbiose avec la nature.
Une forme de simplicité volontaire, excluant toute démesure, toute ostentation ou dilapidation des ressources naturelles, en est la condition.

La médiance relie l'ensemble des êtres réunis en un lieu. En l'absence d'une relation étroite entre le lieu, les êtres vivants qui le peuplent et une culture humaine vivante, l'âme du lieu disparaît. Si, au contraire, cette relation existe, elle permet de créer une *cité du lien* réunissant une communauté humaine solidaire, reliée à un milieu naturel et à un milieu culturel qui restent préservés.
C'est en parvenant à opérer une telle symbiose entre le site naturel qu'elle occupe, le milieu humain et une culture immémoriale que la ville de demain pourra retrouver un sens.

La cité des intelligences

La crise sanitaire du Covid-19 a montré l'utilité des technologies numériques de communication pour assurer le maintien d'un lien social et organiser le travail à distance. Il est probable que l'on ne reviendra pas de sitôt sur les habitudes qui ont été ainsi acquises, ce qui va réduire le nombre de déplacements effectués, tout en les rendant plus flexibles.
Les systèmes numériques vont aider à optimiser le transport individuel ou collectif de voyageurs, no-

tamment via l'usage des téléphones. Des systèmes de transports guidés (métros, navettes) entièrement automatisés et même des véhicules autonomes sont déjà couramment utilisés. Des services de covoiturage et d'autopartage, ainsi que des moyens de transport collectifs peuvent être ainsi organisés en fonction des besoins exprimés par les utilisateurs.

Les transformations induites par les technologies numériques ne se limitent pas à la mobilité. La cité numérique est capable d'optimiser à tout moment la gestion de ses ressources, énergie ou matières premières. Elle va ainsi ressembler de plus en plus à un organisme vivant et intelligent, réagissant à tous les changements extérieurs, assurant à tout moment la transmission des informations à chacun de ses habitants, veillant à la bonne marche de l'ensemble des installations et à la sécurité de tous.

La cité numérique est souvent qualifiée d'« intelligente » (*smart*). De nombreuses villes dans le monde, surtout dans les pays les plus riches, en Europe, Asie, Amérique du Nord, revendiquent cette étiquette. Un des projets les plus futuristes est celui de la ville entièrement connectée (*Woven City*), lancé par Toyota. Il est prévu de construire une ville nouvelle à une centaine de kilomètres de Tokyo, au pied du mont Fuji, qui fera appel aux technologies les plus avancées : voitures autonomes, robotique, panneaux photovoltaïques, carburant hydrogène, intelligence artificielle.

Pourtant, la technologie ne suffit pas pour rendre une ville harmonieuse, ni même intelligente. La mutation technologique doit être accompagnée d'une mutation culturelle, à laquelle elle peut cependant contribuer. L'intelligence artificielle ne peut et ne doit se substituer à la pensée humaine.

Une *cité des intelligences*[315], qui demeure frugale et fait appel à l'intelligence collective de tous les citoyens réunis, est préférable à une *smart city* dispendieuse en ressources naturelles. La participation active de tous les habitants permet à la cité de devenir non seulement intelligente, mais également créative.
La créativité est favorisée par la communication et les échanges. Elle nécessite des lieux de rencontres et de débats. Le développement du lien social est favorisé par une vie de quartier semblable à celle d'un « village », dans lequel les voisins se connaissent et peuvent s'entraider, à l'opposé du comportement habituel dans les grandes métropoles contemporaines, dont les habitants s'ignorent mutuellement. Les populations les plus vulnérables, enfants, personnes âgées et handicapées, peuvent être ainsi mieux intégrées dans la vie de la cité, aidées et protégées.

Dans une cité des intelligences, les habitants sont associés aux décisions, mais aussi à la protection de leur cadre de vie. Chacun est incité à embellir la ville et à la protéger de toutes les formes de pollution.

---

[315] Suivant le titre du beau livre de Sylvie Gendreau, *La Cité des intelligences*, Pierson, 2000.

Les résidents d'un quartier sont les premiers concernés par leur cadre de vie. Ils sont les mieux placés pour veiller à sa protection. La défense commune d'un environnement renforce les liens et la solidarité entre voisins, favorisant ainsi la formation d'une communauté véritable.

La ville constitue un carrefour de toutes les connaissances et d'un savoir collectif. C'est aussi un lieu qui facilite l'émergence d'idées et d'initiatives. Les villes capables de faire converger toutes les intelligences disponibles vers la réalisation d'une vision d'avenir commune seront celles qui réussiront le mieux dans l'avenir.

En disposant d'une qualité de vie élevée, une cité des intelligences est en mesure d'attirer des scientifiques, des artistes, des créateurs d'entreprises, capables d'innover et d'entreprendre. Elle abrite une communauté active et ouverte au changement ainsi qu'aux initiatives, tout en se montrant capable de préserver son identité ainsi que l'héritage culturel du lieu où elle demeure.
Les grandes universités ainsi que les organismes de formation et de recherche sont au centre des mouvements d'idées, qu'ils partagent avec l'ensemble de la planète, en diffusant savoir et propositions de changement. Des échanges d'informations et d'idées sont organisés entre les centres de savoir, les entreprises et l'ensemble de la communauté urbaine. Des pôles de créativité, qui sont aussi des pôles de compétitivité, peuvent ainsi se former spontanément.

Des débats de toute nature, scientifiques, littéraires et artistiques, favorisent l'interdisciplinarité et le rapprochement entre cultures différentes.

La cité des intelligences cultive la beauté et l'harmonie. Elle aide l'intériorité créatrice à s'exprimer. Des lieux de solitude et de méditation sont aménagés pour permettre à chacun d'être en contact avec la nature, de s'épanouir et de créer. C'est au sein de cette cité que s'élaborent les idées et les rêves de demain avec pour mission majeure la préservation de la paix. Telle Genève, dont la mission pacificatrice fut au travers du temps sa singulière destinée. Souvent intransigeante dans ses principes, Genève s'est révélée la mieux disposée à converser avec l'univers[316]. Ses relations avec l'étranger remontent au Moyen Âge, comme cité prédisposée à être la cité des rencontres et des discussions internationales.
D'autres villes, comme Naples ou Séville dans l'Europe du Sud, peuvent être jugées plus conviviales. En fait, chaque ville est un reflet du tempérament de ses habitants, et cette diversité est en elle-même un bien commun de l'humanité.

La civilisation frugale

Compte tenu des limitations auxquelles elle se heurte, la technoscience ne permettra sans doute pas, à elle

---

[316] Charles Fournet, *Genève ou la mission pacificatrice d'une cité libre*, Suzerenne, 1952.

seule, de résoudre les problèmes liés à la dégradation de l'environnement et à l'épuisement des ressources. La solution devrait plutôt venir d'une réduction de la consommation de biens matériels, ce qui implique tout d'abord de parvenir à maîtriser la démographie en améliorant le niveau de vie et d'instruction dans les pays les plus pauvres. Réduire la consommation de matières premières et d'énergie par habitant, en priorité dans les pays les plus riches, passe par un développement des technologies frugales ainsi qu'un recours accru aux économies d'énergie, au recyclage et à l'économie de partage.

Pour retrouver un sens, la société de demain devra donc créer une *civilisation frugale*, qui ne soit ni triste ni austère, mais au contraire joyeuse et épanouie. Ses motifs de satisfaction ne proviendront pas de la consommation effrénée de toujours plus de biens matériels, mais d'une abondance de biens immatériels d'ordre spirituel, culturel et relationnel.
Les valeurs de la civilisation frugale se rattachent à celles de la Grèce antique, à l'opposé des mœurs de la Rome décadente[317], qu'évoquent les pratiques de la société de consommation actuelle. Comme nous l'apprend Plutarque, c'est à leurs mœurs frugales que les Grecs attribuaient leur victoire sur les Perses. Se nourrissant d'olives et de grains de céréales, ils s'étaient montrés beaucoup plus endurants que les Perses, habitués à la mollesse et aux mets délicats.

---

[317] Bernard Sergent, *Athéna et la grande déesse indienne, la Vérité des mythes*, Éditions Les Belles Lettres, 2008.

Les Grecs avaient également découvert les mérites du *logos*, de la raison éclairée, qui les animait au-delà de la simple jouissance matérielle et qui faisait de chacun d'entre eux un citoyen appartenant à une « communauté d'hommes libres[318] ». Les penseurs grecs ont été aussi des hommes d'action, des hommes d'État et des législateurs.

Il est certes indispensable de pouvoir répondre dans de bonnes conditions aux besoins vitaux de chacun en alimentation, eau ou hygiène. Toutefois, lorsque ceux-ci sont satisfaits, une consommation excessive de biens matériels s'avère nuisible pour la santé physique et mentale, comme une alimentation trop riche ou un usage excessif de l'automobile.
Dans une société de savoir et de création, à partir du moment où des conditions de vie décentes sont assurées, le besoin de mener une activité épanouissante peut l'emporter sur le désir de consommer toujours plus.
Les biens culturels, le contact avec une nature préservée, le soutien apporté par un raffermissement de l'être intérieur fournissent une satisfaction bien plus grande que des biens matériels agissant comme une drogue. La musique, la littérature, l'art, la philosophie peuvent procurer beaucoup plus de joie qu'un bijou ou une montre de prix. Leur fréquentation agrandit le monde intérieur. Elle enrichit l'être plutôt que l'avoir.

---

[318] Ceci ne doit pas dissimuler le recours à l'esclavage au sein de cette société.

Un tel basculement des priorités doit être toutefois pleinement accepté, sans être imposé de l'extérieur, sous peine d'aller vers une société totalitaire.

En se situant dans le monde intérieur, il est possible de redonner un sens à l'existence. Se retrouver autour d'une conscience partagée, c'est aussi découvrir les vertus de l'amitié, une amitié sincère et désintéressée. Se tourner vers les biens immatériels, c'est refuser de considérer l'argent comme la valeur suprême, en lui préférant l'intériorité et l'amitié. C'est sans doute aussi la meilleure façon d'éviter le chaos et le déclin.

Un avenir porteur de sens

Pour sortir de la crise morale actuelle, la société aura besoin de suivre la thérapie que préconisait Viktor Frankl, en puisant dans son intériorité l'énergie spirituelle nécessaire. C'est en s'engageant dans cette voie qu'elle pourra surmonter les épreuves inévitables, les conflits, les catastrophes de toutes sortes, la maladie et la mort. C'est aussi de cette façon qu'elle parviendra à se diriger vers un *avenir porteur de sens*.

De nouvelles visions du monde devraient émerger dans l'avenir. Des changements profonds, capables de conduire à un renouveau du sens, sont déjà à l'œuvre. Le point d'aboutissement des évolutions en cours reste cependant inconnu. Une nouvelle vision d'avenir ne pourra transformer la société qu'à condition de pouvoir influencer en profondeur les mécanismes de décision des responsables économiques et politiques. En affichant son soutien à un modèle et en pariant sur sa mise en œuvre, il est possible de transformer une conviction de changement en prophétie auto-réalisatrice.

Lorsqu'elle parvient à se propager et à se développer efficacement, une conviction partagée aide à accomplir le but recherché, par le soutien qu'elle amène aux décisions susceptibles d'y contribuer. Une vision d'avenir positive représente un puissant outil de transformation, comme l'a montré David Korten, fondateur du réseau *Positive Future Network*. Les récits (*narratives*), qui sont racontés pour expliquer les évènements d'actualité, modèlent l'opinion en aidant à interpréter ce qui arrive.

Pour construire un futur souhaitable et durable, il est donc indispensable de substituer à une vision impériale de puissance le modèle pacifique d'une communauté composée d'écocitoyens engagés et responsables.

C'est en se donnant l'Ouvert comme horizon qu'une société devient capable de trouver un sens. Il n'est pas possible toutefois de s'abstraire des contraintes matérielles souvent pesantes qui conditionnent le fonctionnement de la société. C'est pourquoi il est seulement possible de se rapprocher d'un tel horizon, sans jamais, toutefois, pouvoir le rejoindre définitivement.

Au sein de l'Ouvert, les différences sont abolies. La collectivité des êtres humains se transforme en une communauté réunie par un partage de conscience, capable de bâtir un idéal commun et une culture suffisamment profonde pour traverser les siècles. Chaque génération est reliée aux générations passées et aux générations à venir grâce à la tendresse. Pour une telle communauté, la mort n'est plus une fin, car chacun se sent appartenir à une chaîne continue qui relie l'ensemble des générations.

L'apôtre Paul évoquait un tel horizon lorsqu'il affirmait : « Il n'y a plus ni Juif, ni Grec, il n'y a plus ni esclave, ni homme libre, il n'y a plus l'homme et la femme, car tous, vous ne faites plus qu'un dans le Christ Jésus[319]. »

Le Bouddha rejetait également les castes et les distinctions. Il a ainsi déclaré à un brahmane qui était prêt à le repousser : « Ce n'est pas par la naissance que l'on devient un paria. Ce n'est pas par la naissance que l'on devient un brahmane. Par ses actes, l'on devient un paria, par ses actes, l'on devient un brahmane[320]. »

En se plaçant dans la perspective de l'Ouvert, chacun acquiert la capacité de se relier pleinement aux autres et à la Nature. La société peut alors retrouver un cap et une vision d'avenir vers laquelle se diriger en dépit de toutes les vicissitudes et de toutes les souffrances.

---

[319] Épître aux Galates 3, 28.
[320] Walpola Rahula, *L'enseignement du Bouddha selon les textes les plus anciens*, *op. cit.*

Conclusion

Est-il possible d'espérer un avènement de la *Société du Sens* dans un proche avenir ?
Admettre qu'une telle promesse puisse s'accomplir de manière immédiate serait certainement abusif. Ce serait même une dangereuse illusion. L'avenir reste largement imprévisible et des évènements inattendus peuvent en modifier le cours. Le déroulement de l'histoire passée a été chaotique et il serait sans doute vain d'espérer qu'il en soit autrement dans le futur.

Toutefois, le *pouvoir des idées* est également manifeste. Les grandes religions datent de plus de deux mille ans et continuent à influencer la vie de la plus grande partie de la population humaine. La philosophie qui est née en Grèce au Ve siècle avant notre ère est toujours perçue comme un idéal de pensée et même comme un idéal de vie. L'idéal de démocratie et de droits de l'homme né avec les Lumières est acquis à jamais, même si de nombreux États s'en écartent.
L'histoire de l'Europe est marquée par une certaine forme de pensée[321]. L'héritage de l'Antiquité et l'acceptation du caractère divin de l'âme humaine avec

---

[321] Luc-Olivier D'Algange, *L'Âme secrète de l'Europe : Œuvres, mythologies, cités emblématiques*, L'Harmattan, 2020.

l'arrivée du christianisme ont conduit au respect d'une personne humaine libre et responsable de ses actes, capable d'user de sa Raison pour comprendre le monde présent et le monde qui vient.

Cet usage de la Raison, initié par les Grecs, s'est fait sous le signe du *logos*, c'est-à-dire d'une raison éclairée par la lumière divine. C'est une telle conception, défendue par Plotin au IIIe siècle, à une période de rupture pour l'Empire romain, qui a été reprise et poursuivie par la pensée chrétienne.

L'affaiblissement progressif de cet *ethos* alimente la crise intellectuelle et morale actuelle. Il a conduit à un déclin, qui est d'abord un déclin de la pensée. Nombreux sont ceux qui établissent un tel constat, que ce soit en France[322] ou aux États-Unis[323]. Tandis que le Marché a été admis comme référence suprême, l'être intérieur a été relégué à une place insignifiante au sein de la société, avec comme conséquences le désarroi individuel et l'incapacité collective d'entreprendre des projets à long terme dans l'intérêt général.
Pour retrouver une vision d'avenir, il est donc nécessaire de renouer avec des principes qui permettent de dépasser un individualisme égoïste, pour construire la *civilisation frugale* de demain.

---

[322] Michel Onfray, *Décadence : Vie et mort du judéo-christianisme*, Paris, Flammarion, 2017.
[323] Ross Gregory Douthat, *The Decadent Society*, op. cité

Dans le monde d'aujourd'hui, la rencontre permanente entre de multiples civilisations et modes de pensée ne permet plus de relier la vérité à un système de pensée dogmatique et fermé. Une écoute attentive de tous les besoins essentiels qui s'expriment autour de nous demeure la clé majeure de notre transformation.

Repenser la place de la personne humaine au sein de la société constitue un préalable pour sortir de la crise actuelle et se diriger vers un nouvel équilibre personnel, social et environnemental.
C'est en puisant au plus profond de la conscience humaine, en s'engageant dans une quête spirituelle sincère, en atteignant le niveau de la présence, puis celui de l'Ouvert, en parvenant ainsi à dépasser toutes les distinctions et toutes les confrontations entre sexes, générations ou nations, qu'il sera possible de retrouver un sens, le sens de la Vie.

Postface

Depuis 50 ans, l'écologie est à l'ordre du jour de l'agenda politique. En janvier 1971, pour la première fois, un gouvernement nommait un ministre de l'Environnement. Ce fut en France sous la présidence de Georges Pompidou : il s'agissait de Robert Poujade. En 1972 est publié le rapport du Club de Rome, *Halte à la croissance*, ou plus exactement et de façon moins dramatique, *Les limites de la croissance*, qui annonce avec lucidité les problèmes à venir. Depuis lors, se sont partout succédé une série de rapports, d'initiatives, de programmes nationaux et internationaux, de conférences mondiales, le rapport Bruntland de la commission Environnement de l'ONU (1987) qui met à l'ordre du jour la notion de Développement durable ou de *Sustainable development*, la Conférence de Rio (la conférence de la Terre) de 1992, à l'origine de la diplomatie environnementale, et en particulier des conférences annuelles des Nations unies sur les changements climatiques, les fameuses COP, sans oublier un grand nombre de lois environnementales, de chartes, voire de révisions constitutionnelles à travers le monde qui visent toutes à promouvoir un développement durable capable d'accomplir notre responsabilité à l'égard des générations futures. Pourtant, malgré tous ces efforts, malgré le consensus international qui semble se faire autour de l'urgence de la situation, les résultats sont absents : l'usage des pesticides et des engrais de synthèse ou les rejets des gaz à effet de serre ne cessent de croître, les ressources naturelles continuent à s'épuiser, la biodiversité est de plus en plus menacée.

On peut s'étonner de cette absence de résultats malgré la prise de conscience quasi unanime des acteurs politiques et même économiques ; tout le monde est d'accord ou presque en faveur de l'écologie et de la protection de l'environnement, et on n'arrive à rien. Les hommes sont-ils devenus si impuissants que, même d'accord, ils ne peuvent réussir ? Ce manque de résultats est décourageant ; il finit par fissurer le consensus autour de l'écologie ; à quoi bon alors tous ces efforts, ces rapports, ces conférences, et même toutes ces lois ? De fait, on en revient aujourd'hui aux vieilles politiques de lutte entre les grandes puissances mondiales, s'appuyant sur une course effrénée à la croissance. Il n'est pas sûr que, malgré tout le bruit autour du « jour d'après », l'épidémie ait quelque influence sur la transformation de nos modes de produire et de consommer. Il apparaît, au contraire, que chacun essaiera, une fois l'épidémie disparue, de retrouver le jour d'avant, c'est-à-dire un taux de croissance élevé selon les méthodes les plus conventionnelles et les plus faciles de la production. Face à quoi les collapsologues affirment que, de toute façon, il est trop tard, et qu'on ne peut que se préparer à subir les conséquences désastreuses de cette situation inexorable.

On peut certes imputer cette situation à la mauvaise foi des hommes, au double discours de la classe politique, aux intérêts mercantiles et à la puissance des lobbys. Mais il y va aussi et surtout d'une faiblesse méthodologique et d'une confusion des notions.

Lorsqu'on consulte l'Agenda 2030 adopté par les Nations unies en septembre 2015, on est frappé par la dispersion des objectifs du développement durable, au nombre de 17 (éradication de la pauvreté, lutte contre la faim, accès à la santé, accès à une éducation de qualité, égalité entre les sexes, accès à l'eau salubre et à l'assainissement, recours aux énergies renouvelables, promotion de l'industrialisation durable, développement des *smart cities*, accès à des emplois décents, lutte contre le changement climatique, protection de la faune et de la flore terrestres, protection de la faune et de la flore aquatiques, assainissement et désartificialisation des sols, etc.) qui eux-mêmes se déclinent en 169 cibles. Sans doute chacun de ces objectifs mérite-t-il d'être poursuivi, mais encore faudrait-il une approche moins ponctuelle et segmentée, plus globale et méthodique, capable d'éclairer les corrélations entre ces multiples finalités. À ce titre, *la Société du sens* nous offre de nouvelles perspectives singulières. Elle nous permet d'abord de mieux comprendre ce qui distingue le développement durable de l'écologie qu'on a trop souvent tendance soit à confondre, soit à opposer au risque des plus grands malentendus. Les écologistes, et en particulier les écologistes politiques, rejettent habituellement la notion de développement durable, comme si celle-ci visait à remplacer l'écologie et à la rendre inutile. En réalité, ces deux notions sont complémentaires et, à mon sens, ont vraiment besoin l'une de l'autre, à la condition du moins de clairement délimiter leur fonction et leur place respectives.

Le développement durable vise à intégrer l'écologie au système économique et productif ; sans cette intégration, l'écologie se transforme, sous le terme de décroissance, en force de régression sociale, économique, technique, démographique, qui, à mon sens, pose plus de problèmes qu'elle n'en résout. Or, trop souvent, l'écologie politique se propose non pas de s'intégrer, mais de se substituer à la vie humaine, en transformant la société en écosystème. Pendant l'entre-deux-guerres, les réformateurs et autres planificateurs rêvaient de transformer la société des hommes en une grande machine productive selon les lois de la mécanique ; aujourd'hui, c'est le même rêve d'ingénieur, mais le paradigme machinique a changé : c'est une machine biologique, cybernétique, écosystémique.

Mais, en sens inverse, sans l'écologie, le développement durable n'est qu'une ruse du capitalisme pour se survivre à lui-même dans son mode le plus débridé de la commercialisation, de la marchandisation générale de la société, comme le lui reprochent habituellement les mouvements écologistes. Le développement durable se réduit à l'économie environnementale qui n'a pas d'autre instrument, pour pallier le gaspillage, la prédation et l'usure du monde par la production humaine que d'étendre les lois du marché, comme en témoigne le marché du carbone qu'organise le système d'échange de quotas d'émission de gaz à effet de serre.

Mais pour construire cette complémentarité entre écologie et développement durable, il faut d'abord comprendre la place qu'occupe chacune de ces deux notions. L'écologie se définit par sa méthode et ses objets, et en cela, elle est véritablement une science. Elle a donc pour méthode l'étude des populations, de tous types de population dans leur milieu, dans leur biotope. Elle propose ainsi une approche globale du vivant, ce qui la distingue de la biologie qui en a une approche analytique. Cette méthode traite 5 objets, ou plus exactement 5 problèmes principaux : la diminution de la biodiversité ; l'épuisement des sols et des ressources naturelles ; l'empoisonnement des sols et des eaux ; les problèmes sanitaires qu'entraîne la pollution ; le réchauffement climatique. Il n'y a rien là qui concerne l'organisation ni des sociétés ni de leur production. Passer directement des écosystèmes à l'organisation politique, économique et sociale est un coup de force qui transforme l'écologie en idéologie, en « écologisme ». De fait, le développement durable n'est pas de l'écologie proprement dite, il ne traite pas directement de ces 5 grands problèmes, mais il représente une réflexion sur les conditions qui permettent à la société humaine de surmonter le défi écologique.

C'est à cette tâche que s'attelle la *Société du Sens* qui se refuse à se laisser enfermer dans ce dilemme entre croissance et décroissance, entre un progressisme fallacieux et un catastrophisme impuissant, entre un écologisme régressif et un économisme aveugle et destructeur. La société du sens ouvre ainsi une troisième voie qui nous permet de sortir des impasses politiques et économiques de notre temps.

L'écologisme transforme le monde en écosystème, l'économisme en marché. Dans l'un et l'autre cas, le monde est assimilé à une machine, un simple système d'échange où chaque élément est réduit à sa fonction, ce qu'Alexandre Rojey et Pénélope Morin appellent, à la suite de Thomas Friedman, « le monde plat ». Le monde plat renvoie à une immanence totale de la vie, à son indifférenciation, où l'homme, l'animal et la machine convergent en une seule réalité, où chaque individu devient parfaitement interchangeable au service de la mobilisation totale. Pour débrayer la mobilisation totale, il faut introduire de la verticalité. Qu'il n'y ait pas de malentendu sur le sens de la verticalité. Il ne s'agit pas de revenir à une société strictement hiérarchisée, soumise à Dieu et à l'État. La verticalité ici n'est rien d'autre que la capacité de créer de la différence au sein même des champs d'immanence, d'instaurer au sein même du monde plat de la différence, de la profondeur, ne serait-ce que temporelle, une mémoire plus vaste, un sens de l'avenir plus lucide pour mieux assurer notre responsabilité à l'égard des générations futures. Plutôt que de verticalité, nous pourrions parler d'espacements susceptibles de créer des îlots, des asiles, des arches qui protègent le monde de son usure et, par conséquent, nous en protègent aussi.

Pour surmonter les effets néfastes de la mondialisation contemporaine, il ne s'agit pas de refermer la société sur ses frontières, de la reconduire à une identité supposée, mais de penser son ouverture d'une tout autre façon que par l'extension de son indifférenciation. La société ouverte de la société du sens n'est ni celle de Karl Popper ni de George Soros. Elle n'est pas au service d'une marchandisation de la vie de plus en plus généralisée ni d'une mondialisation de plus en plus indifférenciée. Au contraire, à la société ouverte des interactions intensifiées, des échanges tous azimuts qui caractérisent notre temps, Alexandre Rojey et Pénélope Morin opposent une tout autre conception de l'ouverture, par espacement, au service d'une démultiplication des niveaux de signification de nos actions. À cette fin, la société du sens nous propose plusieurs vecteurs privilégiés.

J'en ai ici retenu trois.

La Société du Sens en appelle à une *technique frugale.* Il ne faut pas confondre la frugalité de la technique et de ses innovations avec ce qu'on appelle aujourd'hui le *low-tech* ou basse technologie qui renvoie à des savoir-faire et des dispositifs techniques simples, faciles et éprouvés depuis longtemps. La technique frugale peut être complexe et fortement innovante à partir du moment où elle permet de limiter drastiquement l'usage de l'énergie et des matières premières. Mais la technique frugale n'est pas seulement une affaire d'économie des intrants. Elle exige en réalité de repenser l'essence même de la technique : non pas un processus de transformation de la matière première en vue de l'intensification de la production, mais bien plutôt l'art pour l'Homme de ménager des intervalles, d'habiter l'espace et de construire la durée, par une recherche non pas de l'intensification de la matière, mais de la dilatation de notre être au monde.

C'est la raison pour laquelle *la ville* occupe dans *la Société du Sens* une place considérable. Alexandre Rojey et Pénélope Morin rappellent à juste titre le processus accéléré d'*inurbamento* qui accompagne la mondialisation. Depuis 2008, plus de la moitié de la population mondiale vit en ville et probablement près de 60 % à l'horizon de 2030. La fabrique de la ville est assurément au cœur de la transformation du système productif, d'autant que la ville est aussi devenue en elle-même la principale machine à produire de notre temps, qui soumet toutes les autres machines à son propre fonctionnement. Mais l'erreur serait, sous ce prétexte, de traiter la ville comme les autres machines, et en particulier de croire que l'optimisation de ses échanges au moyen de l'intelligence artificielle – ce qu'on appelle la *smart city* – suffirait à assurer son efficace. La ville est le lieu par excellence de l'espace, de la conquête de la verticalité au cœur des champs d'immanence. Cette quête de verticalité passe d'abord et de façon somme toute assez matérielle et sensible non par l'invisibilisation de la ville sous les effets des réseaux numériques, mais au contraire par la dilatation de ses espaces et de ses parcours que procurent au premier chef l'architecture et l'urbanisme. Dilater l'espace ne signifie pas l'étendre sans mesure ni dissoudre la ville dans d'infinies banlieues pavillonnaires, au prix d'une artificialisation et d'un gaspillage déraisonnables des sols ; tout au contraire, il s'agit de créer, dans la densité même du tissu urbain, de l'espacement et du rythme qui viennent enrichir les parcours et par là même donner l'impression que, pour une même surface donnée, l'espace est plus vaste, plus libre et plus généreux. Dilater la ville consiste ainsi à créer un sentiment d'aisance, de liberté et de grandeur, tout en consommant un minimum d'espace et en surmontant maintes contraintes, ou encore à ménager des lieux susceptibles d'espacer le plein des interactions physiques et sociales qui trament la vie urbaine pour permettre à la vie singulière de chacun de trouver son rythme et sa respiration propres. Dilater l'espace permet de desserrer l'étreinte de la machine fonctionnelle. C'est la condition pour que la ville devienne « symbiotique », selon le terme même de *La société du sens.*

La société du sens évoque enfin une dimension que nous avons souvent tendance à négliger dans le cadre de la réforme du système productif : *la religion*. Non seulement la religion est une donnée incontournable de toute civilisation aujourd'hui, comme hier, mais, davantage encore, elle accompagne sans aucun doute la mondialisation et en constitue le corollaire. Ce n'est pas ici le lieu d'envisager toutes les difficultés que pose cette question aussi sensible et instable qu'incontournable. Je me contenterai de souligner quelques points qui expliquent à mes yeux les liens étroits qu'entretiennent religion et mondialisation, et le rôle éventuel que les religions peuvent jouer dans la transformation du système productif. Le rapport de l'homme au monde est triple. Il y a d'abord ce que l'homme maîtrise et qui relève à la fois du technique et du politique. Vient ensuite ce que l'homme peut maîtriser, mais ne maîtrise pas encore : ce que j'appellerai le maîtrisable plutôt que la maîtrise, ce second domaine relevant essentiellement de la recherche scientifique et, d'une façon plus générale encore, d'une culture approfondie du monde ; il y a enfin toute la dimension, de plus en plus vaste, de l'immaîtrisable, car le paradoxe de notre temps est que plus la maîtrise des hommes et des femmes s'étend, plus l'immaîtrisable croît en proportion. La religion est la façon dont l'homme assume avec plus ou moins de lucidité son rapport à l'immaîtrisable et à son expansion infinie. De fait, la mondialisation s'est accompagnée d'un enrichissement des interactions qui s'est traduit par une complexité accrue de leur organisation, complexité qui, à son tour, se traduit par le surgissement de l'aléatoire ainsi que par le développement des causalités non linéaires, et par conséquent imprédictibles. C'est pourquoi la mondialisation et son hypermodernité s'accompagnent paradoxalement, mais aussi nécessairement d'un renforcement des aspirations religieuses. En intégrant la religion à la construction de la *Société du sens*, non seulement Alexandre Rojey et Pénélope Morin densifient leur paradigme de la verticalité, mais ils offrent aussi par la même voie les instruments pour élaborer une critique de la religion dans les limites de la simple raison, selon les termes de Kant.

Plus nous bénéficions de moyens pour agir sur le monde, moins nous avons la maîtrise des effets et des conséquences de nos actions : tel est le paradoxe majeur de notre temps. Dans ces conditions, il est impossible de se projeter dans le futur. Nous ne pouvons avoir un avenir qu'en construisant de la durée, et nous ne pouvons construire la durée qu'au présent, au pied du mur. Il s'agit d'habiter le présent, de passer de l'instant, c'est-à-dire étymologiquement de ce qui ne tient pas (*ins-tans*), au maintenant, à ce que nous tenons fermement en main : il faut être présent au présent, ce qui manque le plus sans doute aux sociétés plates soumises à l'instabilité de ses flux et en perpétuelle transition. Comment autrement assumer notre responsabilité à l'égard des générations futures ? Celles-ci sont aléatoires, indistinctes, dénuées même de toute personnalité juridique. Quand nous sommes là, elles n'existent pas, et quand elles existeront, nous ne serons plus là. Comment surmonter une telle asymétrie ? Précisément en étant présent au présent, car notre responsabilité à leur égard consiste précisément à préserver *hic et nunc* certains biens, à les soustraire des flux pour les conserver, et de les conserver pour les transmettre. Il n'y a pas d'autre façon d'être juste à l'égard de notre postérité, et cette responsabilité est bien celle du jour présent. Voilà ce que *la Société du Sens* nous permet d'atteindre, en nous apprenant à être plus présent au monde, plus vigilant, plus lucide aussi, en s'interdisant toute échappatoire, aussi bien vers le passé par une vaine nostalgie que vers l'avenir par de fausses promesses ; au nom de quoi *la Société du Sens* doit elle aussi faire partie des biens à transmettre.

Pierre Caye

Ancien élève de l'École Normale supérieure
Directeur de recherche au CNRS

Préface 7

Avant-propos 13
Introduction 17

I – La fin du monde plat 23
1 - Le monde plat 25
2 - Crises et menaces 59
3 - La verticale du sens 99

II – L'intériorité créatrice 131
4 - L'ouverture intérieure 133
5 - Le souffle de la création 167
6 - L'horizon de la liberté 195

III – La conscience collective 223
7 - L'impératif des communs 225
8 - La société du lien 255
9 - La cité de l'Ouvert 297

Conclusion 327
Postface 331

Découvrez les autres collections de JDH Éditions

Magnitudes
Drôles de pages
Uppercut
Nouvelles pages
Versus
Les collectifs de JDH Éditions
Case Blanche
Hippocrate & Co
My Feel Good
Romance Addict
F-Files
Black Files
Les Atemporels
Quadrato
Baraka
Les Pros de l'Éco
Sporting Club

Suivez **JDH Éditions** sur les réseaux sociaux
pour en savoir plus sur les auteurs,
les nouveautés, les projets…

Inscrivez-vous à notre Newsletter sur
www.jdheditions.fr
Pour recevoir l'actualité de nos nouvelles parutions